揺らぐ国際システムの中の日本

柳田辰雄 編著

東信堂

まえがき

　この著作は、揺れ動く現在の国際社会において、日本のこれからのあるべき姿を考えるために執筆されています。21世紀に入り、国際システムは加速度的に揺れ動いており、その全体像を一つの学問分野の理論から理解することはますます困難になっています。それゆえに、この著作は、社会学分野の領域を横断し、国際システムの現状を学融合的に理解することを目指しています。さらに、その理解をもとにして日本が国際社会で生き抜いていく方向性を模索しています。

　歴史的に振り返ってみると、20世紀後半より社会科学の経済学、政治学や社会学などへの専門分野の深化、すなわち蛸壺に入っての硬直化により社会全体をよりよく理解できないという弊害がめだつようになってきました。このように硬直化した社会科学を打開するための方法として超越的、学融合的・トランスディシプリナリー（transdisciplinary）という概念を最初に用いたのは、スウェーデン人のグルンナー・ミュルダールです。現在、このトランスディシプリナリーは学融合と訳されるようになっています。ちなみに、グルンナー・ミュルダールは、1974年にノーベル経済学賞を受賞していますが、この受賞の主な理由は、経済現象・

社会現象・組織現象の相互依存関係に関する鋭い分析です。

したがって、この著作は、国際システムの動態の全体を俯瞰してトランスディシプリナリーに、学融合的に理解することを目指しています。そして、この著作は、方法論的にはプラグマティズムに則り、現実の国際社会や国際システムの動態を理解する上で有用であると見なされる社会科学の理論の上に議論が展開されており、特に、経済学、ゲーム理論および政治学の理論に則って、国際システムの現状を理解しようとしています。

さらに、この著作は、東京大学大学院国際協力学専攻で、研究や教育に関わったことがある執筆者により、国際システムの動態をより現状に寄り添って理解できるようになっています。執筆者は、中国や、東南アジアの社会の現状に造詣が深く、特に、中国の国際戦略、ASEANの中の経済協力、さらに、地球環境の保全に関わる熱帯雨林の現状を詳細に記述しています。

それゆえに、この著作は、大学の法学部、経済学部や国際学部で国際社会について学ばれている学生の方々、国際政治学、国際経済学および国際協力学を大学院で学ばれている方々、また、国際社会に関心を持たれている社会人の方々を想定して執筆されています。この著作により、国際システムの現状と東アジアにおける日本の立ち位置を理解すること、さらに、日本の国際社会における役割を考えることに役立てるならば、筆者としては望外の幸せです。

最後に、東京大学大学院新領域創成科学研究科において、社会科学の学融合を目指した国際協力学専攻のアカデミックプランを作成され、その実現を見ることもなく1997年3月に逝去された

故鬼塚雄丞教授に、この著作を捧げることにしたいと思います。

著者を代表して、　　　　　　　　柳田辰雄

桃の花の咲く頃　横須賀の自宅にて

揺らぐ国際システムの中の日本／目次

まえがき …………………………………………………………… i

第1部　国際システムの理論 ……………………………… 3

第1章　変容する国家 ………………………………… 4

1.1　国家の成り立ち（4）
1.2　代理機関としての国家（10）
1.3　国民と集合的アイデンティティ（12）
1.4　国家の維持と管理（14）
1.5　官僚と政治家の行動（17）
1.6　思想と政治（18）

第2章　ゲーム理論からみた政治 ……………………… 21

2.1　囚人のジレンマゲーム（22）
2.2　繰り返し囚人のジレンマゲームとフォーク定理（23）
2.3　男女の闘いのゲーム（24）
2.4　繰り返しゲームとしての男女の争い（25）
2.5　協力、協調と交渉（27）

第3章　資本主義下の市場経済 ………………………… 29

3.1　資本主義（29）
3.2　市場機構（30）
3.3　市場における需要と供給（34）
3.4　国民所得と雇用（38）
3.5　開放マクロ経済（42）
3.6　輸出の増加と国民所得（49）

3.7 経常収支と為替レート (53)

3.8 金利と為替レートの連関 (54)

3.9 経済成長 (58)

3.10 経済成長と寄与率 (60)

第4章 国際的な安全保障の枠組み ·················· 62

4.1 国際システムの権力構造 (62)

4.2 国際連合 (65)

4.3 国際システムの成立と変容 (67)

4.4 国際システムと交渉費用 (71)

第2部 国際システムの制度 ················ 73

第5章 国際通貨制度 ·················· 74

5.1 ブレトンウッズ体制 (76)

5.2 変動為替レート制度対共通通貨 (79)

第6章 国際貿易制度 ·················· 85

6.1 貿易の拡大と摩擦 (87)

6.2 世界貿易機関 (89)

6.3 多国籍会社と直接投資 (93)

第7章 国際援助制度 ·················· 97

7.1 援助理念の変遷 (98)

7.2 日本の援助方針 (101)

7.3 累積債務問題と構造改革 (104)

7.4 パリクラブ (106)

7.5 アジアにおける途上国支援 (108)

第8章 地球環境の保全 ·················· 109

8.1 気候変動への取り組み (111)

8.2 排出権取引と炭素税 (115)

8.3 パリ協定 (119)

8.4 生物多様性条約 (121)

8.5 名古屋議定書 (125)

8.6 熱帯林の維持・管理 （市原 純）(126)

8.7 インドネシアの熱帯林の現状と保全への取り組み
（市原 純）(130)

第3部 地域統合の動態 ……………………………… 135

第9章 地域統合 ……………………………………136

9.1 欧州連合 (137)

9.2 欧州憲法 (144)

9.3 ユーロ圏 (145)

9.4 イギリスの欧州連合からの脱退 (147)

9.5 北大西洋条約機構 NATO (149)

9.6 北米自由貿易地域 NAFTA (150)

9.7 アメリカにおけるトランプ政権の誕生とNAFTA (155)

9.8 欧州連合とカナダの包括的経済貿易協定 (156)

第10章 東南アジアにおける協力の枠組み ………………157

10.1 ASEAN経済共同体への道のり (157)

10.2 政治的な安定を目指すタイ (165)

10.3 ASEANの大国インドネシア (167)

10.4 社会の安定を目指すフィリピン (169)

第11章 アジア通貨危機 ………………………………174

11.1 危機の様相 (174)

11.2 国際通貨基金IMF支援の影響 (178)

第12章 経済連携 （関山 健） ………………………187

    12.1 東アジアにおける経済連携 (187)

    12.2 日本における経済連携への取り組み状況 (189)

第13章 ワシントン・コンセンサスと北京コンセンサス

    （関山 健　柳田 辰雄） ………………………193

    13.1 「ワシントン・コンセンサス」と国際システム (193)

    13.2 中国の政治経済システム (195)

    13.3 アジアインフラ投資銀行と北京コンセンサス (198)

    13.4 国際システム下の競争と協調 (202)

参考文献 ………………………………………204

あとがきにかえて ………………………………206

索引 ……………………………………………209

揺らぐ国際システムの中の日本

第1部　国際システムの理論

第1章　変容する国家

第2章　ゲーム理論からみた政治

第3章　資本主義下の市場経済

第4章　国際的な安全保障の枠組み

第1章　変容する国家

1.1　国家の成り立ち

　一定の領土とそこに住む人々を治める排他的な権力をもつ組織と、その人々への統治権をもつ政治社会が国家です。国家は、現状では未だに運命共同体として最大であり、その国民または民族は帰属意識に関わるアイデンティティ、すなわち人格においては存在証明または同一性に相当する集合的アイデンティティがあります。それゆえ、固有の宗教、文化や言語および風土がそのアイデンティティを形作っています。しかしながら、これは状況に依存しており、外国や他民族との相互関係において時代状況において変容し、ときとしてより強固なものとなり、ときとしては弱体化します。国民は個人からなり、個人は各々の権益と自己アイデンティティをもち、権益では資本家や労働者という社会階層、あるいは業界団体や政治的な圧力団体に、またアイデンティティでは宗教団体や文化集団に属しています。労働組合や医師会などの政治的な圧力団体が社会にあるのは、政治的な行動からえられるその団体に所属する個々人の名声を含めた便益が、その団体を組織し維持する費用を上回っているからです。所属する組合員や会員に排他的な便益がないときには、これらの団体は自然に消滅し

てしまいます。

　国家は国際舞台で国益を追い求め、それは国民の生存、自律、経済厚生および自尊心に関わっています。

　社会契約説によれば、人々は集まって生命と財産に関わる権利が保障される国家を生み出しました。国家は社会の富をより豊かにするためにその役割を果たしますが、人々は最終の意思決定の場を、権力をめぐる闘争にしてしまいます。あらゆる団体が、自分の利益のために富や所得を再分配するよう、政治的に行動します。どのような財産権に関する法律のもとにおいても、平和に関わる利害対立が国家における重要な政治課題です。

　民主主義は、19世紀に革命を経てフランスで生まれ、イギリスの伝統である個人主義的自由主義が加わり、近代社会の自由主義思想が育っていきました。人格的な自由という自由主義の理念はイギリスにおいてはじめて生まれ、イギリスは18世紀を通じて各国の羨望の的となりました。歴史的にみると、近代国家の進歩性を主張する社会契約説を提唱したのは、イギリス人トマス・ホッブズ、ジョン・ロックとスイスのジュネーブで生まれてフランスで活躍したジャン゠ジャック・ルソーです。彼らに共通する点は自由な個人からなる国家社会を理論的に構成したことです。社会を構成するのは個々の人間であり、その意味において、さまざまな共同体や集団、階層などは解体されてしまいます。こうして構成された社会はあくまで理念的に創りだされたものであり、自らの意思によって行動する個人からなる社会は、自らを統治する主権もしくは政府をもつことになります。人々が彼らすべてを

威圧する共通の権力がない状況で生活しているときには、人々は闘争とよばれる状態にあります。無秩序な状態にあった人々が、はじめて共通の主権のもとに国民として組織された社会を創るとき、社会契約に基づく法に従うことが正義となり、正義を客観的に保障する主体こそが主権となります。

　ホッブズによれば、人は能力において生まれつき平等であり、自然状態においては「万人の万人に対する闘争」の状態となってしまいます。社会のないところに平和はありません。平和を求め、理性によって社会を構成するときにはじめて、道徳や慣習法が生まれます。個人は生命の維持のために主権に服従しますが、この主権は全知全能ではないのですから、生存権を脅かす場合には人々は主権者に抵抗する権利をもつ必要があります。その結果、人々はお互いに、相手を恐れるという状態から逃れるために、国家を形成する契約を結ぶことになります。さらに個人は王の権力によって弱肉強食の世界を超克するために、王との契約を承認します。

　ホッブズは人々の利益になることにより結ばれた、個人と個人の間の契約から国家が生じると考えるのです。ロックによれば人は身体をもち、身体の労働が生み出す産物を所有します。人は労働によって生計をなし、平和に共存して日々暮らしています。この労働する人々は相互に合意を交わして、財産権を制定して社会を形成します。そして財の保護や安全保障の確保のために、人間は統治機関である政府を信託し国民となります。これは、1688年のイギリスの名誉革命の思想的表明となっており、近代の市民社会を誕生させました。

　1789年に勃発したフランス革命の後に、ルソーは『社会契約論』を出版しました。革命の大義は、自由、平等と博愛です。こ

の自由、平等と博愛は、2000年まで流通していたフランスフランの硬貨に刻印されていました。このフランスフランは、欧州連合の共通通貨ユーロの出現により、その役割を終えています。欧州連合は、1993年11月1日に誕生し、共通の安全保障および外交政策を目指している人類史上はじめての諸国家の連合体であり、運命共同体を目指しています。

　それでは、人間は、いかにしてすべての人々に自由と平等を保障しうる国家を作ることができるのでしょうか。ルソーの答えは「全体的な意志」を礎とする直接民主主義に他なりません。直接民主主義においては、個人の意志でありながら同時に共同の意志であるような意志、「全体的な意志」があると考えます。すべての契約に参加する者が、共同の意志をもつとすると、この共同意志においてあらゆる人間は完全に一致し、共同の意志の表現である国家たる政治的主権は、個々人の意志をそのまま実現させます。共同の自我を実現すべく構成された国家は、共和国の国民によって形づくられることになるのです。この、直接民主主義の考え方は、住民投票や国民投票という形において現代まで引き継がれています。

　国家との契約を可能とする「全体的な意志」があることにより、社会の構成員は自らの権利を共同体に譲り渡し自らが主権者となります。「全体的な意志」とは、その定義からして個人の利益を実現するものであり、主権者はそれを構成する個々の人間であり、個人の利益に反するものはありません。法と共同での防衛があってはじめて人々が「全体的な意志」の名のもとに、生命や財産のすべてを共同体の主権者に委ねることが可能となります。主権者は共同防衛体を組織する限りで、絶対的な権力をもたねばなりませ

ん。社会契約によって構成された国家は、一方で「国家への自発的な服従」を要求し、個人は平等と自由のために働く「全体的な意志」にすべてを委ねます。契約によって一つの国家を形成することは、人間性に根拠をもつ共同性への信頼であり、権力執行機関への信託です。国家の合法性は民主主義とかけ離れてはありえず、国家は個人の生活や内面には関わらないことになります。ここでは、国家とは個人に「サービス」を提供する組織です。

この直接民主主義に基づく国民投票により欧州諸国と集合的アイデンティティを異にし、共通通貨ユーロではなくポンドを流通させているイギリスは、2016年6月に2019年春頃までに欧州連合から離脱することをきめました。ちなみに、イギリスは、長年の交渉の後に、1973年から欧州共同体の前身の欧州共同体に加盟しています。

それでは個人の自由を保障する市民社会を成立させるために、個人の権利や利益はどう保障されるのでしょうか。シャルル＝ルイ・ド・モンテスキューはロックの思想をうけつぎ、立憲君主制および三権分立をフランスにもたらしました。権力は常に腐敗の危険に晒されています。政治的な自由は制限された政体にだけにみいだされます。権力は、乱用されないときに存続するのです。権力をもつものは、いずれもそれを思いもかけず乱用してしまうので、権力が権力を抑制しなければなりません。権力が権力を抑制する工夫を考え、対抗する力を国家機構の中に埋め込むことを、モンテスキューは『法の精神』で提案したのです。三権分立の概念には、立法府の権限の制限が暗黙のうちに含まれており、いかな

る主権的な権力も拒否しています。組織的な権力の制限は、世論が忠誠を拒むことによってのみ達成されます。このモンテスキューの『法の精神』は、民主主義という制度のもとでの国家において政府の統治と国民の自治の問題を考察した先駆的な著作です。

ところで、安全保障を提供する国家にとっては、国民の一人ひとりの求心性が重要になり、国家が十分に大きくなる必要があります。そして、ある領域の中で暴力機構の力が非常に強くなると、個人に対し国家への忠誠を求めようとします。というのも国家の存在は、人々にとって最も重要である安全の保障に関わっているからです。そのために他国との紛争などによって国家自体の存続が脅威にさらされ、平時における国家の治安では足りなくなった場合には、個々人も防衛要員として組み込まれてしまいます。しかしながら、国民が直接投票によって政策の決定に参加する制度によっても、民主主義に立脚した政策の決定は困難を極めることがすでに明らかになっています。民主主義社会においても「全体的な意志」を容易に形作ることはできないのです。2人以上の人がそれぞれの選好順序をもっており、社会全体では1つの順序にまとめて意思決定を行うのが、「政治」の政策決定の問題です。国民は代表を選挙によって選出し、代表者が投票によって政策を決定するのが間接民主主義制度です。

ところが、民主主義の多数決ルールないしは、ランクづけルールに従うとすると、個人の選好を社会の選好に集計することは困難であることを、1972年にノーベル経済学賞を受賞したケネス・アローが明らかにしました。

いま、イ、ロ、ハさんという3人がいて、甲、乙、丙という政

10　第1部　国際システムの理論

策の提案がある場合に、イさんの選好は、甲＞乙＞丙、ロさんの選好は、乙＞丙＞甲　で、ハさんの選好は、丙＞甲＞乙　であるとします。この条件のもとでは、この3人の選好を同時に満たす社会的な順序は存在しません。

　この理論は、多種多様な人々からなる自由な民主主義社会において、総意に基づいてある一つの社会政策を導くことの困難さを明らかにしています。

1.2　代理機関としての国家

　政治組織も経済組織と同様に依頼人の富を最大化しているとすれば、社会契約説は、経済学の「依頼人・代理人問題」に還元することができます。この理論においては、「ある個人が意思を決定する権限を代理人に委譲し、この代理人がその人の代わりになって行動を選択すること」を代理人関係として捉え、市場における契約や取引に関する人々の行動を理解します。本来、何らかの権利を持つものを依頼人、そしてそれを代行して行う機関のことを代理人と呼びます。各々の依頼人が個別に権限の行使を行うよりも権限を一部委譲し、代理人が統括して行った場合の方がより費用が安く抑えられる場合には、依頼人が代理人に権限を委譲する誘因が生じます。このときに重要な点は、代理人すなわち機関が大きければ大きいほど一人ひとりが負担しなければならない費用が下がることです。経済学では商品の生産量をふやせばふやすほど、一単位あたりの生産費用が下がる場合に規模の経済があるといいますが、国家における政府のサービスの提供にも規模の経済性がなりたちます。

ところで、代理人と依頼人はそれぞれ独立した主体であり、代理人と依頼人がそれぞれもつ誘因が必ずしも一致するとは限りません。また代理人と依頼人の間では情報が共有されないので、代理人は依頼人の権限代行を常に適切な形で果たすとも限りません。したがって、依頼人が常に代理人に適切な形で権限の代行を行わせるためには監視費用がかかり、この費用のことを代理人費用とよびます。

それでは、国民に安全を保障する代理機関としての政府を考えてみましょう。ある一つの国家の政府が提唱する安全保障は、その国民を誰一人として排除することはできず、また他の機関や国が提供できるものでもありません。また、ロックが想定するような自然状態であっても、各人が武装するのでは、ホッブズ的な「万人の万人による闘争状態」になる可能性があるのです。ある個人が、個別に安全を確保しようとすると、その費用は極めて高く、それに比して代理人ないしは機関が新しく依頼人からの権限の委譲を受ける際の費用は極めて低いと考えることができます。

このように依頼人・代理人問題としてある国家における政府の役割を理解すると、政府の機能は以下のように特徴づけられます。政府は国民に一定のサービスを提供し、租税を徴収します。さらに、ある国家の政府は一定以上の規模を有することにより、一単位当たりの徴税費用を下げることができます。経済システムが円滑に機能するように、政府が提供する基本的サービスは、ゲームの基本ルールです。財産権は生産要素市場と生産された商品・サービス市場の両方の所有構造をきめることになります。司法行政制度に裏付けられた法体系が労働、資本と土地という生産要素の所有構造をきめます。この生産要素の所有者が特定されない限

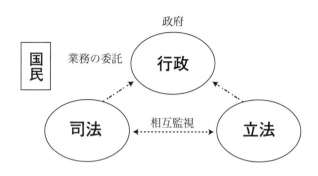

図 1-1　国民と政府　三権分立と依頼人・代理人関係

り、これらを利用して生み出された収益の分配がきまらないのです。所得の分配がきまらなければ、それらの生産要素を利用して需要の高い商品やサービスを提供し、儲けを企てる血気に満ちた起業家も市場には現れません。さらに、刑法や民法の立法や司法サービスの提供、また防衛を含む安全保障サービスの提供に関する規模の経済性のために、国家における政府の存在は市場におけるさまざまな財やサービスの取引費用を低下させます。そして社会においてできるだけ多くの生産を行い、国家に生ずる租税収入をふやすために、政府は取引費用を低下させることになります。

さらに国家は常に、類似のサービスを提供しうるライバル国家や支配者となる力を持つ個人の出現の脅威に常にさらされており、国家における政府の支配力の程度は、国家のさまざまな集団にとっての代替物に大きく影響されることになります。

1.3　国民と集合的アイデンティティ

従来、政治学では国家に関わる問題を政治過程や行政過程に還

元してきました。国家とは権力を合法的に行使する形式化された機関で、国家の意味はその合法的な権力を行使する過程、具体的には政治的な意思決定過程と行政過程であり、その理解に力が注がれてきたのです。

ところが、イギリス人社会学者のアントニー・スミス著『ネイションとエスニシティ−歴史社会学的考察』によるとすべての国民は、領域的要素と民族的な要素の双方の刻印を帯びています。領域的な要素とは、市民権、領土、共通の法や政府、政治的文化と市民精神を基礎とする連帯です。民族的な要素は、集合的アイデンティティとなります。さらに、これは歴史的な集合的記憶をともにもつ連帯であり、国家は根深く共同性の中に埋め込まれています。多くの国家は国民に求心性を形成しようとし、その求心性の手段として集合的アイデンティティが利用されます。国家に帰属することから生じる集合的アイデンティティというナショナリズムを考察したアメリカ人政治学者ベネディクト・アンダーソンの『想像の共同体』によれば、ネイションという国家は、「固有の境界をもつと同時に主権的であると想像された、想像上の政治共同体」です。したがって、ナショナリズムは自然に生じ、消滅する場合もあれば、意図的に創り出され、消滅させられる場合もあります。ナショナリズムとは、「自治、統一およびアイデンティティを獲得し維持しようとして、国民国家を構成しているか、将来構成する可能性のある集団によるイデオロギー運動」です。

それではアイデンティティはどのように醸成されるのでしょうか。自己アイデンティティは日常的習慣という場で形成されます。人間は差異あるものとして生まれ、差異ある環境に直面し、自己内部の差異を抱えながら生活します。それゆえに、欲望や感情に

14　第1部　国際システムの理論

生じる差異あるいは同一の志向を持つ国家、民族といった集団の内部にいる人間の志向には差異が生じます。その結果として、自己アイデンティティは、必然的に差異あるものとして設定された身体と精神を持つ人間の日常的な習慣という場で形成されます。さらに、人間が自分の経験からいわば主観化して過去や未来をみることによって、人間的な時間という形式の中で、感情の対象が拡大されるとともに、感情自体に差異化と同一化との両方向に、変容が生じます。また、空間という形式も独自に主観化された枠組みであり、同じような変容が生じます。

　同じように、集合的アイデンティティも形成されます。集合的アイデンティティは、ある土地の気候、気象、地質、地味、地形、景観の総称である風土における時間・空間の履歴によっても彫琢されるという指摘が、和辻哲郎の『風土－人間学的考察』にもみられます。彼は主客二元論を超えて人間存在を問い、人間は風土の中に自分自身を見出していると記しました。

1.4　国家の維持と管理

　国家は直接の暴力機関を持ち、それによる保護を個人に与える代わりに、個人は主に経済的な利益の一部を租税で、国家の一員であるための会費を支払います。安全保障を提供する国家は経済利益を志向し、個人は安全の保障を志向しますが、経済的な誘因よりも安全保障の誘因のほうが人の欲求として常に上にあるため、そのサービスに対する価格の決定権およびそれを提供するか否かの決定権も、国家側に属する場合が多くなります。それでは国民は、各々どれくらいの会費をどのような方法で支払えばよいので

しょうか。現在、先進諸国では、徴税費用を少なくし、市場機構をできるだけ円滑に機能させるために、所得税から消費税への依存度が高まっています。

しかるべき会費の問題に答えるには、まず国民全体が望む公共サービスの量を決める必要がありますが、残念ながらそれは不可能です。なぜならただ乗り問題があるからです。社会における多くの人々のただ乗り行動が、人々が投票になかなか行かないことや、匿名の献血では病院に血液が十分に供給されないことなどを説明しています。公共サービスの水準を国民に問うたところで、ただ乗りする人々がいる限り、国民が必要としている公共サービスの水準はわかりません。

それでは、公共サービスの水準を現状のままとし、政府の歳出を一定としたときには、誰がどれだけの会費を支払うべきなのでしょうか。これにも経済学は明瞭な答えを出すことができません。まず、すべての歳入は消費税とし、すべての商品に一律に1割の税をかけてみましょう。すべての商品の価格はすべて1割ましになるので、それぞれの商品の相対価格は元のままで、市場への攪乱はなく、一見市場の資源配分にも問題がないように思われます。しかし、問題があるのです。いま米のような商品があり、低所得者と高所得者がいるとします。消費税がかかると、人々はその分だけそれぞれの消費をへらすことになります。このとき、社会全体の厚生はどうなるでしょうか。

経済学ではある消費からえられる効用という考え方を利用しています。この効用は消費量とともに少しずつふえますが、消費量が1単位ずつふえたときに、その効用の増分は少しずつへっていきます。具体的には、ご飯の3杯目を食べることによる効用の増

分は、2杯目より小さくなります。この前提のもとで消費税が課されると、2杯しか食べていなかった低所得者が1杯分のご飯を減らされたときの効用の低下は、6杯から1杯分だけへらされた高所得者の効用の低下を大きく上回ります。金額では同じ負担ですが、効用で見ると同じ負担にはならないのです。その結果として、人々の欲するさまざまな商品やサービスの消費量が変化し、それぞれの相対価格が変わります。

　では、定率の所得税ではどうでしょうか。1割の所得税をすべての所得者にかけるとすると1,000万円の所得がある人は100万円、100万円の人は10万円の税金を納めることになります。高所得の人は多くの税金を払うことになりますが、その所得を稼ぐために、そうでない人に比べてより多くの公共サービスの恩恵を受けているとすると、しかるべき対価を払っていることになります。この税率で、人々の労働意欲がそれほど低下しなければ経済学的にはあまり問題がないのですが、残念なことに所得税の徴収には、個々の人々の所得を正確に税務署が把握することを含めて、消費税に比べて高い徴収費用がかかります。

　さらに、相続税についてもふれておきましょう。オーストリア人フリードリヒ・ハイエクによれば、人は生まれながらにして能力において平等ではないのであるから、相続税によって、資産の保有量を調整しようというのは誤りであるとしています。自由な資本主義社会においては、偶然や運によって大金をつかむ人もいれば、汗水たらして働き社会的に成功する人もいますが、所得の再分配はできるだけ家族や、親族または血縁者の中で行われるのがよいのです。そうでなくて、政府が社会保障のために税や年金を強制的に徴収して、所得の再分配を行えば、政府は肥大化し、

非効率的な資金の運用がふえ、資本主義のダイナミズムは喪失してしまいます。

1.5 官僚と政治家の行動

　官僚組織は、歳出と自分の部署を拡大させる誘因をもっています。個々の官僚は権力、威信だけでなく退職後の天下り先から得られる経済利益の大きさを考慮して、日々の政策運営に携わっています。予算が大きくなるほど権力が大きくなるので、官僚たちは歳出をできるだけ抑えようとする誘因をもちません。官僚を統制するのが政治家の役目であるとしても、高度に専門・技術化した行政機構においては、国民と技術官僚の間に情報の非対称性が生じているために、数年ごとの選挙で選ばれる政治家の官僚機構への監視・監督機能は低下しつつあるのが現状です。

　一方、政府は国民の各集団を分離して、それぞれに対して歳入が最大になるように法体系を整備します。ところで、政治家自体も歳出の大盤振る舞いで、景気をよくして選挙に勝つという誘因をもち、財政の支出を削減しようとすることはかなり難しいものになります。国民一人ひとりにとってえられる経済的な利益よりも、政策の内容を詳細に知るための情報収集費用が高い場合には、官僚は自分達の政治的な利益追求のために歳出を計画して規制を歪めてしまうことになります。このような情報費用は、政府の業務が拡大し、官僚組織が高度化すればするほど高くなります。

　さらに、財政金融の経済政策の費用を過小評価している限り、財政政策は脆弱な税制基盤と放漫な歳出によって赤字財政となり、政府の借金である国債の山が後世の世代に付けまわしにされます。

もし、政府が特定の圧力団体のために補助金や支持価格によって歳入の低下や歳出の増加をもたらすならば、国全体の経済効率の悪化は、その団体の経済的利益に見合わないぐらいに大きくなります。分散し、組織化されていない一人ひとりの国民よりも、共通の経済利益をもつ団体は、社会において大きな影響力をもつ政治的な圧力団体となるのです。税制上の優遇措置、補助金や助成金および農産物の支持価格や輸入の数量割り当ては、その生産者に大きな利益をもたらします。

　したがって、生産者の利益団体は、市場の価格メカニズムによる有効な資源配分を歪めるような規制を求めて官僚や政治家に政治的な圧力を加え、消費者一人ひとりには小額ながら国家単位では多大の損害を与えてしまいます。従来、規制はある特定の産業において、ある会社の独占やいくつかの会社の寡占から国民の一人ひとりを保護するものと考えられていました。しかしながら、規制が動態的な競争という危険から保護してくれるからこそ、会社は規制を望むのです。これらにはタクシーの認可制から、銀行の参入規制までさまざまなものがあります。

1.6　思想と政治

　歴史を振り返ってみると、国家のあるべき姿はさまざまな社会思想に影響されてきました。フリードリヒ・ハイエクは『科学による反革命—理性の濫用』を20世紀の中ごろに出版し、自然科学を見習っていかに「科学」を標榜しようとも社会科学は思想であることを明らかにしました。『隷従への道』や『自由の条件』で知られるハイエクは、1974年にノーベル経済学賞を受賞しています

が、その受賞理由は「貨幣論と経済変動論における先駆的業績ならびに経済的、社会的および制度的現象の透徹した分析」が評価されたためでした。ハイエクは、個人を行為に導いている主観概念から出発して体系的に全体を構成する、ルートヴィッヒ・フォン・ミーゼスが「方法論的個人主義」と呼んだ立場から、ケインズ主義やマルクス主義を概念実在論ともういうべき全体論に陥っていると真っ向から非難しました。「官僚が財政・金融政策によって経済を調整できる」という発想は、ケインズが住んでいた通りより名づけられた「ハーベイロードの前提」という設計主義の思想に立っていると考えられています。いいかえると、イギリス人のジョン・メイナード・ケインズは、官僚が一般の国民より多くの情報と知識をもつので、経済の動向を適切に運営できると考えています。具体的には、公共事業や社会保障を主とする財政支出の拡大や縮小および景気後退期の通貨供給の増大と好景気期のその縮小という金融政策によって、経済システムを安定的に運営できるとケインズは考えました。

　労働団体をはじめとする政治運動に目を転じると、多くの国において、政党では左派がマルクス主義共産党、中間派が民主党で、右派が自由主義者で、最も右が保守主義となっています。民主党より左派は、人々の結果の平等、具体的には社会保障制度による所得の再分配を重視し、それより右派の政党は個人の自由をより重視し、結果の平等より法の下の平等や機会の均等を重視しています。保守主義では伝統を守りながら慣習や社会秩序も重視します。

　自由主義は人類の堅実な進歩を信じています。理性的に社会を設計しようとするケインズ主義は自由社会を守るために誕生して

おり、自由主義の範疇に入ります。自由主義において、人々は制度のさらなる改良を期待して行動します。社会における自生的な変化は政府の管理のもとで、より滑らかに生成します。自由主義者が既成の制度が重要であると考えるのは、その制度が成立してから歴史的な時間がたっているからではなく、その制度によって自分たちが追い求める理想、個人の自由の拡大が保障されているからです。

第2章　ゲーム理論からみた政治

　この章では、人々の社会における行動を理解するために過去半世紀以上にわたって発展してきたゲーム理論という一連の数学モデルを使って、社会における人々の行動を考察してみます。以下では、『ゲーム理論［批判的入門］』、S・P・ハーグリーブス、ヒープ、ヤニス・ファロファキス共著を参考にして、個人や国家の行動を理解します。

　方法論的個人主義の立場からのゲーム論へのアプローチによると、個人としての行動が制度の礎です。構造が行動と分離されるとき、構造はそれ以前の相互関係の単なる履歴となります。究極的にはすべての社会構造は社会的な背景をもたない個人の集合の間における相互関係から生まれることになります。

　実際には、制度のいくつかは相互関係の繰り返しの中で生まれ、行動を支配する慣習を通して自生的に生じます。慣習や習慣から慣習法は生まれたのです。

　ゲーム理論の基本的な分析枠組みにおいては、ある一定数の当事者がいて、その当事者はある所与の数の選択肢があり、このうちから1つを選ぶことができます。ゲームの帰結または利得は、すべての当事者がとりうる選択肢の組み合わせがきまったときに、当事者に帰属する報酬または罰則の集合です。前提は、人間は道

22 第1部 国際システムの理論

具主義的に合理的であり、人々の合理性についての共有知識を
もっているということです。人間が道具主義的に合理的であると
いうことは、共有知識としての確信が整合的に配置されていると
いうことであり、人々の合理性についての共有知識をもっている
という前提は、「合理的な」人間が重要な社会的な相互関係の中で
どのように行動するか、あるいはするべきであるかについての一
般的な予想から生じるずれを暗黙のうちに無視しています。

2.1 囚人のジレンマゲーム

ここでは、イギリス人経済学者のケネス・D・ボールディング
スの『紛争の一般論』から非協力ゲームを考察してみましょう。表
1-1には2人の共犯者が警察に逮捕され、それぞれの部屋で取調
べを受けている場合が想定されています。2人の容疑者にとって
の最適戦略はどちらも自白しないことで、それぞれの利得は5と
5になります。しかし、各々取調べの刑事から、「お前が先に自白
したら、お前の刑を軽くしてやるぞ」と言われると、各々共犯者
との共通の利益のことを忘れ、自己の保身にはしり、2人とも自
白する（−1、−1）という最悪の結果になってしまいます。この
ようなケースが、ゲーム論では囚人のジレンマと呼ばれます。

表1-1 囚人のジレンマゲーム

I ＼ II	自白しない	自白する
自白しない	(5、5)	(−10、10)
自白する	(10、−10)	(−1、−1)

囚人のジレンマゲームの国際政治への応用例は以下のようなものです。第二次世界大戦後には、資本主義に基づくアメリカ合衆国と社会主義を標榜するソビエト連邦という2つの超大国があり、それぞれが相手を軍事力で凌駕したいと思っていました。この2つの国は軍備拡張か軍備縮小かの選択に迫られており、軍備拡張には相当な費用がかかります。2国が軍備を拡張して競い合うことは、両国が軍備を縮小するときよりも、両国にとって利得が減少することになります。しかしながら、それぞれの国は、相手国よりも軍備において勝ることを望んでおり、それぞれの国にとっての最善の状態は、自国が軍備を拡張し、相手国が軍備を縮小させることです。2国が互いに自国の利益を優先して行動することによって、結果として両国が軍備を拡張し、最悪の事態に直面します。

2.2　繰り返し囚人のジレンマゲームとフォーク定理

この囚人のジレンマは一回限りの非協力ゲームの帰結なのですが、ゲームが永遠に続くとするとこの非協力ゲームは協力ゲームに変わる可能性が高くなります。なぜなら、一度相手を騙し、出し抜くことができたとしても、またゲームを続けなければならないとすると、次には報復を受ける可能性があるからです。これはフォーク定理と呼ばれています。すなわち、諸国家が宇宙船地球号の中で、繰り返しゲームを行わなければならない場合には、ゲームの解は協調解になることを示唆しており、人類の未来に希望の光をともしています。

24　第1部　国際システムの理論

2.3　男女の闘いのゲーム

　このゲームへの参加者は男と女です。序数的効用を前提とし、男の効用に　A＞B＞C、　女の効用に$\alpha > \beta > \gamma$、の推移率が成立すると仮定しますが、二人の効用の比較は不可能であると仮定します。

　一緒に行動するときの効用はA、Bとα、βで　別々に行動するC、γよりそれぞれ高くなります。趣味は異なり、男はスポーツ観戦を、女は演劇鑑賞をより選好しています。2人はデートの行き先として、スポーツの観戦か演劇の鑑賞かを迷い、ときに争うことになります。この男女の争いゲームでは、複数の好ましい協力の仕方から、どの協力の仕方をゲームの参加者間で選ぶかという問題です。男女の争いゲームでは共に行動するパターンが2つあることが、囚人のジレンマゲームと異なっています。**表1-2**において、男と女がスポーツ観戦を選ぶ場合と、男と女が演劇の鑑賞を選ぶ場合があります。

表1-2

男　　　　女	スポーツ観戦	演劇の鑑賞
スポーツ観戦	A、β	C、γ
演劇の鑑賞	C、γ	B、α

　このゲームの一種には、協力ゲームと呼ばれるものがあり、このゲームでは、均衡点では行動の一致となります。男女の闘いゲームにおいてはスポーツの観戦と演劇の鑑賞と、演劇の鑑賞とスポーツの観戦は2人にとってさけるべきものです。また、男女の争いゲームにおいては参加者が、どの選択肢をとれば合理的か

第 2 章 ゲーム理論からみた政治 25

どうか判断できず、合理性が一意の均衡状態を導くことはないのです。男女の闘いゲームにおいては参加者間の関係性が暗黙的に想定されており、参加者間で一緒に何かをすることが、効用を高めるという関係が想定されています。

最後に、一緒に行動をした方が単独で行動するよりもよい状況では、効用の大小が、囚人のジレンマゲームほどには本質的な解決策にならない可能性を示しています。相手との相対的な効用の差が協力を達成しようとするゲーム参加者間での大きな問題となりません。男女の闘いにおける効用の差が、この合意可能性の程度に影響を与えるのですが、本質的には同意が拘束的である協力ゲームか同意が拘束的でないという非協力ゲームかという問題に影響を与えてはいないのです。ゲーム参加者間において趣味が異なることは、個人の相似的な効用関数の前提に疑問を呈しています。

2.4 繰り返しゲームとしての男女の争い

一組の男女が、デートを頻繁に行うことになれば、賢明な男女ならば、以下のような2段階ゲームに、このゲームを進化させることになるでしょう。常に、デートすることが問題ならば、コインの表か裏で、スポーツの観戦か演劇の鑑賞を決めればよいのです。かなりの回数コインを投げることになるとすると、表が出る確率は2分の1で、裏が出る確率は2分の1ですから、男女それぞれ、デートの回数の半分には、自分が最も行きたい所でデートを楽しむことができます。

26 第1部 国際システムの理論

2段階ゲーム　　コインの表がでたらスポーツ観戦、裏がで
　　　　　　　　たら演劇鑑賞

　この「男女の闘いゲーム」は、2人の行為者の行動に、合理性と
対称性を想定して、「交渉ゲーム」Coordination Game ともよばれ
ています。

　2005年にノーベル経済学賞を受賞したアメリカ人のトーマ
ス・シェリングが、『紛争の戦略』(*The Strategy of Conflict*)（1960）で
示した概念に焦点・フォーカルポイントという概念があります。
シェリングは「他人がある人がこうするであろうと期待している
だろう」と期待する各人の期待値を焦点としました。

　たとえば、あなたは、明日、東京で見知らぬ人に会わなければ
ならないとしたら、いつ、どこにするであろうか。東京に住んで
いてある程度の経験がある人なら、正午に東京駅の銀の鈴の下と
いう返事が予想されます。これは、ある種の協調ゲームであり、
はじめての人に会う場所として知識がある地域の人々に共有され
ていることを前提としています。

　それでは、社会的な制度により、男女が夫婦になる場合にはこ
のゲームはどのように変容するのでしょうか。

　和辻哲郎によれば、共有化された時間と空間が、夫婦を2人共
同体にいざなっていきます。家における2人共同体の夫婦の生活
において、屋根と壁によって外から区切られた空間があり、自然
の風水害から安全な場所があります。この空間では、食物を調理
しともに食する場所です。この場所では、財や徭役の共同の利用
がなされ、命の次の世代への引き継ぎが行われていきます。

　もっとも、ドイツ人のカール・マルクスによれば家庭は労働の

再生産の場所であり、1992年にノーベル経済学賞を受賞したアメリカ人ゲイリー・ベッカーによれば、家庭において子を育てることから得られる効用により、人間は子供を育てることになるのですが。

　家という空間における主な活動は、従来は、家族における財の共同利用であり、徭役の共同の提供です。経済学のギリシャ語の由来はオイコノミアで、家計学とも翻訳されるものです。繰り返しゲームとみなしうる夫婦の2人共同体は人格の結合で、人格とは人間の倫理的主体です。

　和辻は、『倫理学』で「私たちは日常的に間柄的存在においてある」と記しています。ひとは自分であると同時に他者であり、世間の意味もあります。ひととともにおいて、ひとは他者を表し、ひとは言うまでもなく、社会一般を意味しています。和辻は、公共性を、家族、親族、地縁共同体、経済組織、文化共同体および国家という階層性のなかに見出しており、家として己を形成する民族である国民が、究極な共同体を形成します。

2.5　協力、協調と交渉

　この2章を終える前に、協力(cooperation)、協調(coordination)と交渉(negotiation)という言葉の概念について考えてみます。辞書によると、ある目的を達成するために意見の一致を取りつける過程で利害の対立が問題にならないときには協力、利害が対立する場合には協調、そして、意見が一致した後の実施の段取り段階は交渉、と説明しています。たとえば、地球環境の保全、国境を越える難民への支援、国際的なテロ撲滅対策などは国際的な協力、

石油輸出国機構OPECの減産協議などは国際協調、そして、戦争終結直前の平和条約の締結、マグロの資源を維持するための漁獲割り当てなどは国際的な交渉、とみなすことができます。

しかしながら、実際には利害関係があっても、表立っての反対が困難な平和、人権、環境、民主主義、人道主義などの表現が使用されるので、協力と協調はあまり峻別せずに用いられているように思われます。政府開発援助が人道目的で行われるのならば国際的な協力ですが、国益の推進のためであれば国際的な協調ともみなせます。また、意見の一致を取りつける段階で、実施段階に有利な条件を引き出そうとする試みがなされるため、協力や協調と交渉を峻別することも困難なことが少なくありません。たとえば、国際河川において、水資源の有効利用を目的として委員会を設置するという国際協力の段階で、上流国の優先権を認めなければ委員会の設置自体に賛成しないということになれば、協力と交渉の区別はあまりはっきりしなくなります。

しかしながら、ゲーム理論の枠組みでは、2人の当事者の間には同等の利害関係があることを前提にしていることが多いため、協力よりも協調のニュアンスのほうが強くなる傾向があるように思われます。

第3章 資本主義下の市場経済

3.1 資本主義

　現在、人類の経験と叡智によって生み出された市場を、人類の
さらなる幸福にいざなえるように、それにふさわしい思想、宗教
や文化の創造が待望されています。資本主義とは「利潤を永続的
に追求していく経済活動」です。商業資本主義の時代には、気候
風土を含めた空間的差異から交易を行うことによって超過利潤が
うみだされました。イギリス人ウイリアム・シェイクスピアが、
『ベニスの商人』において中世のベニスを舞台にユダヤ人、シャイ
ロックの貿易商人への金貸しにまつわる悲喜劇を著したのは16
世紀末です。オランダの東インド会社は1602年に設立された世
界初の共同出資方式の会社で、当初は航海ごとの利益分配方式を
とっていました。この時代における資本蓄積により、産業革命を
伴って産業資本主義の時代が到来しました。この時代には労働の
一人当たりの生産性と実質賃金率の差異から、超過利潤がうみだ
されていました。

　18世紀後半に発行された『国富論』において、アダム・スミス
は政府の介入を伴う重商主義政策を批判して、産業資本家の権限
を強める自由貿易と自由放任を主張しました。このスミスの分析

には、すでに、労働こそが富の源泉であることが的確に捉えられています。さらに、社会全体における分業と協業による取引の利益を明らかにしています。現代のポスト産業資本主義の時代においては、差異性を意識的に作りだして超過利潤をうみだしています。差異性を意識的に作り続けられる産業とは、映画、音楽、テレビゲーム、服飾に関わるブランド商品やアニメなどの産業です。そして、19世紀の世紀末にヴェブレンは、『有閑階級の理論』において「消費」は、見せびらかしの余暇とブランド品などの浪費としました。この「消費」こそが、他者の消費との差異をもたらし、そのことによって効用が人間にもたらされることを明らかにしました。他者との差異を求める欲望には限界がありません。

3.2　市場機構

　資本主義社会の基本である市場や貨幣は、もともと国家の枠組みなしでも機能しますが、国家のもとでその力をいっそう発揮してきました。市場はもともと、物と物を交換する場として成立したのですが、貨幣が登場することによって、物と貨幣を交換するつなぐネットワークであり、地球規模まで無限に拡大する性質をもっているのです。

　市場が自生的に発生したものでなければ、人類史上最も偉大な発明といえます。ハイエクは市場を自生的な秩序の一つであるとみなしています。自生的秩序とは、自生的に人類のある集団が採用し、試行錯誤を長年繰り返すことによって定着させてきた行動規範の体系のことです。法や道徳は、言語や貨幣という媒体を通して自生的に生成した秩序です。市場経済においては、人々が消

費する商品・サービスか、生産する会社のための資本財かを問わず、生産量や消費量と、その結果としての所得の決定は基本的に市場原理によって行われています。組織化された市場では、さまざまな商品やサービスの価格が上下に変動することによって、個々の売り手と買い手が払わなければならない情報の費用を大きく節約します。

　価格メカニズムを使う市場は、社会全体において多様な商品の適切な生産量と消費量をきめる情報を節約し、計画のための莫大な費用を低下させています。奴隷制および封建制社会においても、主として資本制ではない様式で生産された商品を、これらの共同体の内部またはそれらの共同体どうしで、市場を通じて商品の交換を行っていました。

　市場経済では、まず財産権のもと私有財産をもつ権利が保障され、それに基づいて分権的な形で生産と消費が行われています。分権的というのは、政府の計画に基づいて行動するのではなく、政府から独立して会社や家計が自由に意思決定を行っているということです。私有財産が保障されていることにより、個人や会社がもっている財産が他人によって不法に奪われたり、また没収されたりすることはありません。ましてや、政府によって、不法に土地を接収されてしまうようなこともありません。財産を自由に処分する個人の権利が制限されることがない私有財産制の下では、さまざまな商品の生産への特化により分業が発達し、商品の交換が活発になります。分業によって個々の職人の専門的知識が発達し、生産の効率がよくなることで、商品の交換からえられる利益が高まります。このような市場の発達と拡大は、さらに分業や専門化を促します。どの程度の分業が進むかは、市場がどのぐらい

大きいかに依存しています。

　もし市場を使わないで無数の商品の価格を決めようとすれば、政府は人々が必要とする多くの商品・サービスにおいて、価格をさまざまに変えた場合の需要量を調べ、コンピュータを用いて連立方程式をとかなければなりません。政府がすべての商品の生産量と消費量を決めようとすれば、過去に旧ソビエトや東欧の社会主義政府がそうしたように、ごく限られた情報に基づいて政府が決めた消費量や生産量を会社や国民に押しつけることになります。そうなると供給を上回る需要がある商品を売る店には人々の長蛇の列が、そうでない商品を売る店には閑古鳥がなき、在庫がつみあがることになります。

　市場機構のもう一つの特徴は、多数の会社や個人の間の動態的な競争です。市場における競争は、利己的な動機に基づいて行動する人々を目覚めさせ、市場の動向を観察することによって、人々がほしがるものを、その人たちがほしがる量だけ、市場で取引されるであろう価格をつけて販売することになります。別な見方をすれば、市場とはお金による投票制度で、人々の欲求に応えかつ品質の良い商品に、人々は多くの貨幣を投入することになります。ある人が一票を入れることにより、その商品の価格はあがり、生産者にはより多くの収入がもたらされます。価格があがると収入がその費用をこえ利潤をもたらしますから、生産者に生産を拡大するように信号を送ることになります。生産者は利潤をふやして自分の所得をふやしたいので、この信号に素早く対応します。もしこの生産者の対応が遅れれば、他の多くの生産者がより早く対応して、類似の商品やサービスの生産量をふやしてしまうことによって、対応の遅い生産者を市場から退出させてしまいま

す。

　もし商品の品質を一定にし、数も制限するとすれば、社会主義の計画経済においても適切な価格が決定され、それにみあう生産量と消費量を決めることが可能となるでしょう。商品の品質と種類が一定ならば、政府が毎年少しずつ情報を集めていくと、いつかは必要な情報の大部分を入手できるからです。しかし商品の品質と数が一定という前提は、現実の高度に発達した社会においては現実的ではありません。なぜなら現代では毎日のように新製品が開発、発売され、また多くの種類の商品が時代遅れとなり、泡のように消えていきます。これは市場経済において新製品や既存の商品の販売をめぐって激しい競争が行われているからです。

　市場におけるさまざまな商品の価格は、たんなる抽象的な数字にすぎませんが、消費者の貨幣による毎日の投票によって絶えず変動します。こうして、市場はその変動を通じて適切な量の生産と消費が行われるように絶えず微調整を行っています。市場は、先に述べた連立方程式を一挙に解くことはないのですが、生産者と消費者のフィードバックを通じて適正な価格に限りなく近づいていきます。市場経済においては、社会主義国における計画当局のように膨大な情報を集めて、誰かが全体として正しい価格や生産・消費量を決定する必要がなくなります。たとえば、生産者はある商品の価格とこの商品の生産に必要な原材料の価格や賃金さえわかれば、基本的に生産をふやすべきか、へらすべきかがわかるのです。価格の変動が小さい場合には、原材料や商品の在庫の変動が需要と供給の差を調整しています。

3.3 市場における需要と供給

ある商品の効用は消費量とともに少しずつふえますが、消費量が1単位ずつふえたときに、その効用の増分は少しずつへっていきます。具体的には、りんごの3つ目を食べることによる効用の増分は、2つ目より小さくなります。これを限界効用逓減の法則といいます。この限界とは1単位モノがふえるごとという意味です。したがって、ある商品への需要量は価格がさがるとふえ、価格があがるとへります。また、ある商品の供給量は価格があがるとともにふえることになります。

これは、収穫逓減の法則を前提とすると、生産量をふやすと、投入生産量1単位当たりの生産性が低下し、1単位当たりの生産費用があがるからです。また市場全体では、価格があがれば、1単位当たりの生産費用が高い生産者も市場に参加できることになります。ある商品の値段があがると、人に自分が何をどれだけ買いたいのかを考え直させ、この商品の需要をへらします。このような商品やサービスの値段の上下への変動によって、需要と供給は日々刻々と調整されています。ある人がある商品をどれだけ買いたいと思うかは、その人の所得とともに、他の商品をどれだけ買えるのかによるのです。他の商品は、発達した市場経済においては多くの種類があり、これらの商品の組み合せ方はほとんど無数になります。この無数のなかから、手に入れることが可能な商品の量と価格がわからなければ、ある商品をどれだけ欲しいかわかりません。しかもこの問いに答えるには、人々が自分の自由にできる所得を知る必要があります。所得と消費する商品の束とを比較するとき、商品の価値を共通の単位で測ることが必要です。

各商品の価値を共通の通貨で測るということは、実はその財の価格を決めることと同じです。このことはある商品と別な商品の交換比率、つまり相対価格を決めることです。ある商品のしかるべき価格を決めるには、その他の数限りない商品の価格がわかっていなければならないのですが、このことは他の商品のすべてについても当てはまるので、すべての商品の価格は同時に決定されなければなりません。市場では一般に価格とその価格で取引される数量が決定されます。商品やサービスの市場は無数の個別市場からなります。この市場ではさまざまな商品やサービスが取引され、それらの価格と取引量が決定されます。この決定は需要と供給が一致するように価格と数量(供給量、需要量)が価格メカニズムを通じて変動することによって達成されます。

　いまある一つの財(リンゴ)を選んでその財の価格と取引量が決定される価格メカニズムを図であらわすと**図3-1**のようになります。供給曲線Sはある価格、たとえばP1に対してリンゴ栽培業者が喜んで売りたいという量(供給量)をすべてのリンゴ栽培業者について(水平に)合計したものです。供給曲線上の点では利潤は最大となっており、それ以上供給量をふやしても利潤はふえません。

　需要量は価格がさがるとふえ、価格があがるとへるので、需要曲線Dは右下りで負の勾配となっています。これも各家計が所与の価格(たとえば1個180円)で買いたい量をその国の家計についてすべて合計したものであり、その量はq2です。価格が100円ならば、社会の総需要はq5です。供給曲線上では各会社は利潤を最大にしていますが、そのような計算を各会社がするとき、リ

ンゴの市場の価格と生産(供給)量以外は、その市場にとって所与となります。リンゴ以外のすべての製品、たとえば果物の梨や柿、あるいは衣類や自動車、住宅といったすべての製品の価格、賃金や原材量、中間製品等、それから資本の価格である利子率がこれに含まれます。

　リンゴの市場で社会の総需要と総供給が同じになるのは図3-1のE点です。すなわちリンゴの均衡価格は150円で、そのときの総販売量はq3です。このことは次のようにたしかめることができます。もしリンゴの価格が150円(P0)でなく、180円(P1)であったとしたら、その価格で栽培業者が供給したいと思う総量はq4であるのに、消費者が買いたいと思う総量はq2にすぎません。つまりq4－q2だけリンゴが売れ残るわけですから価格はさがります。この売れ残り(超過供給)は価格が150円になるまで無くならないので、価格は150円になるまでさがるはずです。

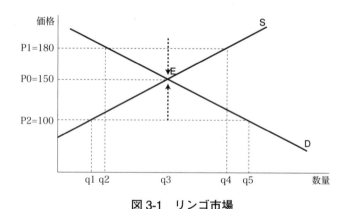

図3-1　リンゴ市場

もしリンゴの価格が100円であれば、総需要量はq5であるのに総供給はq1にすぎません。すなわちq5−q1だけの品不足（超過需要）があるわけですから、価格はあがります。この上昇は品不足がなくなるまで続くので、結局150円以外に均衡価格はないことになります。

日本や欧米諸国のように発達した社会の市場機構を、物という商品の交換だけで特徴づけるのは無理があります。現代において、交換される商品は財・サービスのほかに株式、国債や社債のような金融商品も含まれ、さらに、情報そのものが商品となります。

アダム・スミスが『国富論』において、見えざる手とよんだものは、この市場機構そのもので、社会の予定調和（ハーモニー）は、さまざまな財・サービスの価格が需要と供給に応じて自由に上下に変動することによって達成されるとみなしました。すなわち、人々が自己の欲望に従って、社会においてさまざまな商品を生産し、消費を行うとしても、思いやりをもつ利他主義的な経済システムより、生産量と社会調和において優れていることを明らかにしたのです。市場は所得の配分を決めますが、実際には政府が介在するので、最終的な所得配分は単純な市場メカニズムによるものではなくなります。特に、政府は経済に大きな影響力を持っており、経済の発展を促進したり、阻害したりします。通常、マクロ経済学といえば閉鎖経済を対象としており、開放マクロ経済学というときには世界市場において貿易や金融で取引を行っている国民経済を対象とします。しかし、対象をこのように限定するのは便宜的なものであり、あまり対象を人為的に狭くしてしまうと弊害も生じてしまいます。

3.4 国民所得と雇用

　この節では、基本的な開放マクロモデルを説明して、ある国の輸出の増加が自国民の雇用と外国の雇用に与える効果を分析し、貿易摩擦の原因を考察します。

　ジョン・メイナード・ケインズは、世界が大恐慌からの脱却にあえいでいた1938年に『雇用・利子および貨幣の一般理論』を出版し、経済学において金融市場を体系的に分析することをはじめて可能にしました。この本は、1917年にロシアのプロレタリアート革命が勃発し、その足音がヨーロッパ世界に近づいていた時代に、ヨーロッパの自由主義を守るために書かれた福音の書でした。ケインズが描き出した世界は、アダム・スミスが説明した予定調和からはかけ離れて、常に失業者が街角をさまようような社会でした。マルクスが資本論ですでに指摘していたように、過度の資本蓄積によって生産能力が常に商品への需要をうわまわり、有効需要の不足から経済が停滞する社会でした。

　マクロ経済学で一番重要な概念がおそらく国民総生産、または国民所得です。これはしばしばGNP（Gross National Productの略称）ともよばれますが、今日では、国際的な資本の移動や労働者の移動のために、国内の生産状況をより正確に表す国内総生産GDPが使われています。ある年の国民総生産とは、その年にその国の国民が自分のものである労働力、資本、土地という生産要素を用いて作りだした新しい価値（付加価値）のことです。ここでの価値という言葉は、ある人が他の人々に役に立つものを生産して売りに出すと、人々はそれが価値あるものとみなして一定の価格（価値への対価）を払って買いいれるという関係を指しています。

この価格は、通常その商品の価値を市場が決定し、市場で決定された通貨の単位として表されます。

以下では説明の便宜のために、市場経済において経済主体は家計と会社だけで、政府・公共団体が存在していない場合を考えます。両者の相互依存関係、すなわち両者の間の財・サービス、資金、所得の流れは以下のようになります。経済学では、**図式3-1**に表されているように経済主体は数多くの家計と会社からなります。家計は生産要素である土地、労働や資本を所有し、これらを会社に利用してもらい、会社からは報酬として、地代、賃金と利子(資本のレンタルプライス)をえることになります。会社は、家計から提供された資本、労働や土地といった生産要素を使って、商品やサービスを生産して市場で売り、収入をえます。これらの収入はそれぞれの生産要素の生産に見合った報酬として家計に支払われます。家計は、これらの所得を使って、商品やサービスを購入します。

家計は労働力という生産要素を会社に売って、賃金という代価をえます。ここでの家計は個々の家計ではなく合計された総体としての家計で、会社も合計して一つにまとめています。現実には会社間で原材料、中間品、完成品の会社間の売買取引があります。会社と家計との間には、また会社が商品・サービスを市場で家計に売り、家計は代金を会社に支払うという関係があります。この家計の支払は家計の売る労働への報酬である賃金から、貯蓄分を差し引いた残りからなります。ただし家計の可処分所得は、生産要素からの報酬のほかに保有する資本に関する株式や社債から得られる利子、配当の収入を含んでいます。

いま市場に食料、衣料、自動車という3つの商品しかないと想

定しましょう。それらを量X、Y、Zとよび、その価格をそれぞれPx、Py、Pzとすれば、名目国民総生産はPxX＋PyY＋PzZ となります。すなわち食料の価格×食料の生産高＋衣料の価格×衣料の生産高＋自動車の価格×自動車の生産高です。

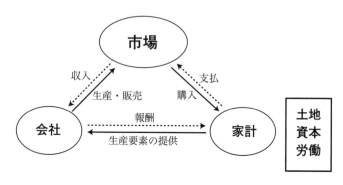

図式3-1　経済システム

　ここで価格は市場価格そのものではなく各部門の中間製品や原材料費を差し引き、生産物1単位当たりの付加価値として「純価格」に換算したものです。名目国民総生産はGNPデフレーターに実質GNPをかけたものに等しくなります。GNPデフレーターとはその国の平均的価格水準(物価の一種)です。基準年次は通常5年ごとに改められます。GNPデフレーターは、まず各々の財・サービスの支出推計値から物価指数を用いて各々の実質所得を計算し、これらを集計した実質国民所得で名目国民所得を割って求めます。ところで国民総生産から資本財の減耗を差引いたのが国民純生産であり、この国民純生産から間接税を差引き、補助金を加えて国民所得は計算されます。マクロ経済学では通常、国民所得は実質国民所得を表します。この国民所得から直接税を差引い

第3章　資本主義下の市場経済　41

たのが可処分所得です。国民総生産から海外との生産要素(資本、労働)所得を差引いたのが国内総生産(Gross Domestic Products、GDP)です。日本のように対外純資産が多額にのぼっている国では国民総生産のほうが国内総生産より大きく、発展途上国のように巨額の累積外貨債務を抱えている国では国民総生産のほうが国内総生産より小さくなりますが、発展途上国でも海外出稼ぎ労働者の送金がかなりの額になるときには国民総生産のほうが国内総生産より大きくなる可能性もあります。産業間で取引されて、生産のために用いられた財・サービスを中間投入、民間消費以下輸出までをまとめて最終需要といいます。すなわち最終需要＝民間最終消費支出＋政府最終消費支出＋民間会社設備＋民間在庫品増加＋公的固定資本形成＋公的在庫品増加と輸出です。そして最終需要から輸入を引いたものを国民総支出といいます。

　一方、生産額と中間投入に関わる経費との差額は産業内部に留保され、これは生産活動のもたらした広義の収益とみられるので、総付加価値と呼ばれます。そのうち会社は固定設備の減価償却などの固定資本減耗を控除し、また製品の出荷に際して課せられる間接税(消費税、酒税、ガソリン税など)を支払います。さらに総付加価値からこれらを差引いた残りだけが、産業の内部で分配可能な所得であり、これを純付加価値といいます。そこで総付加価値合計＝固定資本減耗＋間接税＋国民所得となります。また国民所得は、労働、資本、土地などの生産要素に支払われた対価の合計です。総付加価値合計が国民総生産(GNP)であり、国民所得に間接税と固定資本減耗を加えたものです。
　ところで、国民総支出(GNE)と国民総生産(GNP)は定義上必

ず等しくなります。各産業の総生産額のうち、中間需要は、他の財・サービスのために用いられて消滅してしまうので、生産活動の成果として残るのは、GNEとGNPの部分だからです。そのため国民総生産のかわりに、国内総生産が尺度として用いられることがあります。「国民」概念と「国内」概念の違いは、「国内」概念は、文字通り、国内における生産を集計するので、国内で得られた外国人の所得で海外に送金されるものを含み、海外における本邦人の所得で、本邦に送金されるものを含みません。したがって、国民総生産は国内総生産から対外要素支払い（利子所得および移民からの送金等）を差し引き、海外からの本邦への要素支払いを加えたものです。開放マクロ経済とは、一般的には財・サービス市場、および金融市場が海外の市場、すなわち、国際市場に対して開放されている状態であるという意味です。財市場の開放は一般に商品市場における貿易制限、すなわち、関税や数量制限などのさまざまな貿易障壁を取り除くことによって達成されます。金融市場の開放は金融市場の自由化とも言われますが、為替取引、さまざまなタイプの資本移動の取引に関するさまざまな制約や為替管理を取り除いたときに達成されます。

3.5 開放マクロ経済

　まず、開放された商品・サービス市場の特徴から説明しましょう。開放された財・サービス市場において、自国財と外国財が取引されます。そして、自国財は外国に輸出される貿易財と外国とは取引されない非貿易財とからなります。すなわち、多くの場合に財・サービス市場では、自国の会社によって生産される非貿易

財と貿易財の2つに外国財をあわせて3つの種類の財が取引されます。開放された財市場においては、総生産は総供給であり、市場の均衡のためには国民総所得でもある総生産Yは、総消費C、総投資 I 、財政支出Gと経常収支(総輸出引く総輸入、X–Im)からなる総有効需要に等しくなります。総生産Yは短期的には総雇用に依存しており、雇用がふえるとともに、緩やかに生産はふえていきます。Y＝C＋I＋G＋X–Im　の式で経常収支が均衡していれば、X–Im＝0であり、これは閉鎖経済の均衡式に等しいことになります。開放マクロ経済においては、名目賃金あるいは物価水準が硬直的である不完全雇用の下で、有効需要が実質国民所得を決めています。国民総支出＝民間消費支出(C)＋民間投資(I)＋政府支出(G)＋輸出(X) –輸入(Im)となります。いいかえると国民総支出というのは、その経済における最終需要から輸入を引くことによって、国内総生産に対してどのような需要が対応したかをとりまとめたものです。なお、財貨・サービスの輸出入の差額は、国際収支勘定における資本取引以外の収入支出の差にみあっており、これを経常収支といいます。この点に注目すれば、国民総支出は国内需要と経常収支差額の和となっています。

　国際収支表は、1年間の海外との財・サービスの輸出と輸入である経常収支とそれに対応する外貨建ての資本の流出入を一表にまとめたものです。経常収支は、財・サービスの取引の貿易収支以外に、出稼ぎ労働者からの送金、社債や株式からの報酬などの要素所得と政府開発援助など対価を伴わない経常移転からなります。資本収支は投資収支とその他資本収支からなり、理論上は経常収支と資本収支をたしあわせるとゼロに成ります。

表3-1 国際収支表

経常収支	貿易・サービス収支	貿易収支
		サービス収支
	所得収支	
	経常移転	
資本収支	投資収支	
	その他資本	

　以下では、輸出の増加がどのようにして国民所得と雇用の増加をもたらすかをマクロ経済モデルを利用して説明します。マクロ経済モデルの特徴は以下のようになります。財市場の需要と供給の差の調整は、アダム・スミスが想定したような価格調整ではなく、**図3-2**に表されているように、ケインズの師であるマーシャルが考えた数量調整によって達成されます。具体的には、さまざまな商品の需要量と供給量との差は、主に在庫水準の変動によって調整されます。

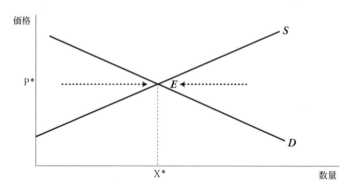

図 3-2　マーシャル的数量調整

図3-3にはマクロ経済の雇用量と国民総生産の関係が表されています。説明の便宜のために、この経済では合成財という1財を生産し、この経済で1つの会社があるとします。資本設備Kが一定である短期を考えると、集計的生産関数は$Y = F(L)$となります。この生産関数では、一定の資本設備の下で、労働Lがふえるにしたがって緩やかに生産量はふえていきます。この生産条件のもとで会社は、利潤を最大にしようとします。その条件式は、

　利益＝総収入－総費用であり、$\pi = PY - WL$

と表されます。**図3-3**において、$Y = W/P \cdot L + \pi/P$の直線は、傾きがW／Pで縦軸の切片がπ／Pであり、物価Pを所与とす

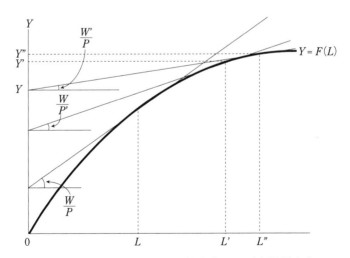

図3-3　マクロ経済の雇用量、国民総生産および実質賃金率

46　第1部　国際システムの理論

ると、会社の利益πは、Y＝F（L）の曲線に直線が接するときに最大になります。その条件はW／P＝ΔF（L）／ΔL＝ΔY／ΔLとなり、労働の限界生産物が実質賃金率に等しくなるときに会社の利益が最大になることを示しています。ところで、物価がPからP'へと上がると会社の利益はふえ、国全体の雇用はLからL'にふえます。また、名目賃金率WがW'に下がると会社の利益はふえ、雇用はLからL"にふえます。

　それでは、財・サービスへの最終需要はどのように決まるのでしょうか。マクロ経済学では、家計の消費を合計した集計された消費関数が大きな役割を果しており、集計された消費関数は、所得の増加関数として表されます。消費関数は説明を簡単にするために以下のように表されます。

　この消費関数では定数項C_0のもとで消費性向cが0＜c＜1ですから、所得がふえるにつれて国民の総消費は緩やかにふえます。投資関数Iは説明をより容易にするために定数I_0とします。

　人々は所得が低くてもある水準以上に消費する傾向があり、所得がふえるとともに消費もふえますが、その増加量は所得のそれより小さい傾向があります。消費の増加分の所得の増加分に対する割合を限界消費性向cとよび、これは1よりも小さく、例えば0.8とか0.7です。ある国の総民間消費と国民総生産あるいは国民所得を年毎にプロットすると、**図3-4**のような右上りの直線あるいはそれに近いものがえられます。この図に表されている関係は集計された総消費と国民所得（集計された所得）との間にみられますから、これはマクロ的現象です。消費関数の意

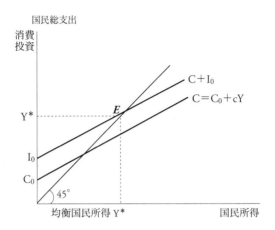

図 3-4 消費と均衡国民所得

味するところは、所得がなくとも生きていかなければならないので一定の消費がなされ、給料があがったら、その一部を消費支出に回し、残りを貯蓄するということです。総需要(Yd)は総消費と総投資の合計ですから、

$$Yd = C + I = C_0 + cY + I_0$$

が得られます。Ydは財、サービス市場において需給を一致させる均衡国民所得です。この式を国民所得の均衡式に代入してYについて整理すると

$$Y^* = 1/(1-c)(C_0 + I_0) = (1/s)(C_0 + I_0)$$

となります。ただしsは限界貯蓄性向($s = 1 - c$)であり、Yは財、

48　第1部　国際システムの理論

サービス市場において需給を一致させる均衡国民所得です。すなわちケインズ派によれば国民所得は、国民所得の変動に左右されない消費と投資の自律的支出(ただし利子率の変動には左右されるかも知れない)である $C_0 + I_0$ に限界貯蓄性向の逆数(1/s)をかけたものに等しいのです。この 1/s は所得乗数とよばれ、貯蓄率の逆数であるから1より大きく、自律的支出が1単位ふえれば国民所得は 1/s 倍ふえます。

　図3–4において横軸が国民所得の大きさを表し、縦軸が総需要とその構成部分である投資や消費の水準を表しています。集計的消費曲線は右上がりで、勾配の大きさは1より小さくなっています。集計的投資曲線はここでは水平な直線です。両者の直線を垂直に合計すれば総需要曲線がえられます。縦軸は総需要($C_0 + cY + I_0$)の大きさを表し、その傾きは消費曲線と同じです。横軸の国民所得は仮にそれだけの所得があれば人々はどれだけ消費したいと思うかを示すためのものですから、人々のその水準の所得となったもの、すなわちそれにみあうだけの量の財・サービスが供給されたと考えることができます。横軸のYをこのように財・サービスの総供給と考えるとき、上記の総需要と総供給が等しい線は45度のYd＝Yで、結局この線が総需要曲線(C＋I)と交るところで総需要と総供給が等しいことが分かります。そのような点はE点であり、それにみあう均衡国民所得Y*です。45度線上では常に総需要Ydは総供給Yに等しいのですから、E点でもYd＝Yは成り立っています。すなわち総需要に等しい総生産が行われています。

3.6 輸出の増加と国民所得

投資と同じように財政支出も一定でG_0、さらに輸出も外性的にX_0に与えられているとします。この輸出が外性的に与えられているとする根拠は以下の2つの理由です。第1に、この国が生産し、輸出する商品の価格は世界市場において決定され、この国の供給量はその価格に影響しないからです。第2に、この国は一定の費用で生産された工業製品を輸出しているのですが、需要不足により供給が制約されているからです。したがって外国の所得が明示的に扱われるときには、外国の所得増加が輸出の増大をもたらします。

輸入関数は消費関数と同じように国民所得がふえるとふえるので、$Im = m_0 + mY$となります。m_0とmは正の符号です。

財市場の均衡式に代入すると

$$Y = (C_0 + cY) + I_0 + G_0 + X_0 - (m_0 + mY)$$

となり、式を整理して変形すると

$$(1-c+m)Y = C_0 + I_0 + G_0 + X_0 - m_0 から$$
$$Y = 1/(s+m)(C_0 - m_0 + I_0 + G_0 + X_0)$$

となります。ただし、$1 - c = s$　で、sは貯蓄性向です。

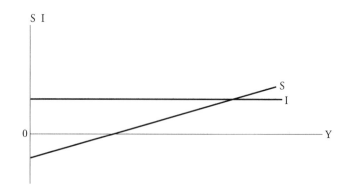

図3-5 総貯蓄と総投資

図3-5は貯蓄と投資の曲線を表しています。投資曲線は財政出G_0を含み、$I = I_0 + G_0$の定数で、貯蓄曲線$S = (s + m)Y - C_0 + m_0$は租税Tを含んでいるとします。総貯蓄と総投資が一致するところで、均衡国民所得はきまります。図3-6は総輸出曲線と輸入曲線を表しており、その交わる点は経常収支が均衡していることを示しています。

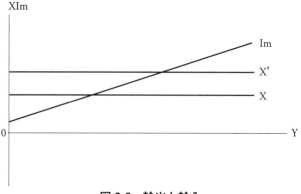

図3-6 輸出と輸入

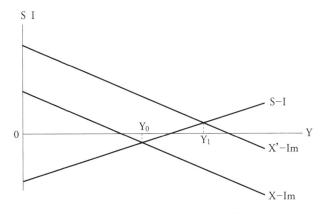

図 3-7 均衡国民所得と経常収支

　図3-7において、貯蓄と投資の均衡を表すS－I曲線は図3-5より、輸出と輸入を表すX－Im曲線は図3-6より導かれます。この2つの曲線の交点の経済学的な意味は、総国内貯蓄が経常収支に等しいところに、均衡国民所得がきまるということです。外国で景気がよくなって輸出がXからX'に拡大するとX－Im曲線はX'－Imにシフトして、均衡国民所得はY_0からY_1に必ず増加します。この結果として、国内の雇用は緩やかに増大します。このことから輸出の増加がどれほどの国民所得の増加をもたらすかという貿易乗数はつぎのように求められます。

$$Y = 1/(s+m)(\Delta X + \Delta I + \Delta G)$$

　この式は輸出の増加は自律的な投資や財政支出が増加したのと同じ効果を国民所得と雇用にもたらすことを表しており、投資、財政支出および輸出の自律的な増加は貯蓄性向sと輸入性向mの

和の逆数をかけた分だけ国民所得を増加させるのです。自律的な投資や財政支出の増加が閉鎖経済でもたらす乗数効果と比較すると明らかに貿易乗数は小さいのですが、このことはつぎのように理解されます。財政支出の増加は有効需要の増加から国民所得の増加をもたらしますが、この国民所得の増加は外国からの輸入の増加という国内の有効需要からすると漏れを生じるからです。いいかえるならば、国内で生じた有効需要の一部は輸入という経路を経て外国の有効需要となります。ところで自律的な投資や財政支出は輸出から輸入を引いた経常収支にはどのような影響を与えるのでしょうか。経常収支をCAとし、$X = X_0$すると、

$$CA \equiv X - M \equiv X - m_0 - mY = m/(s + m)(C_0 - m_0 + I_0 + G_0 + X_0)$$

となりますので、輸出、投資や財政支出の拡大が経常収支の増分に与える効果は、$\Delta CA \equiv -m/(s + m)(\Delta I + \Delta G + \Delta X)$となります。この式は、国内における自律的な投資や財政支出の増加は国民所得を増加させますが、輸出は一定のままで輸入を増加させるので経常収支は悪化(赤字)させることになることを表しています。たとえば、世界に日本とアメリカの2国しかないとすると以下のように説明することもできます。

$Y = C + I + G + X - Im$を日本の財の需給均衡式とすると、日本の輸出はアメリカの輸入で、日本の輸入はアメリカの輸出になりますから、アメリカの財の需給均衡式は$Y^* = C^* + I^* + G^* + Im - X$となります。したがって、アメリカの日本からの輸入

Xが一方的にふえる場合にはアメリカの景気が後退してアメリカ人の雇用がへる可能性を示唆しています。

3.7　経常収支と為替レート

　この節では、経常収支の動向に為替レートの変化がどのような影響を与えるのかを考え、為替レートの切り下げ政策は外国の窮乏化をもたらす可能性があることを指摘します。開放経済においては、自国財と外国財との価格の比率を示す相対価格、つまり、自国財と外国財がどのような比率で交換されるかを示す実質為替レートも決定されます。

　輸出総額は物価p_1に輸出数量Xをかけたものです。ここでp_1は自国の通貨単位で計られているということに注意しましょう。閉鎖経済においては、このことにあまり注意する必要はないわけですが、開放経済において経常収支を調べる場合には、必ずそれが自国の財、あるいは通貨の単位で計られているのか、それとも外国の財、あるいは通貨の単位で計られているのかを区別することが非常に重要です。ここでは、自国の財の単位で計ってあります。実質為替レートは自国の物価水準を外国の物価に為替レートをかけたもので割ったものです。

　いま日本の自動車メーカーが1台100万円（p_1）の車をアメリカに1ドル＝100（π）円で輸出するとアメリカでの価格は1万（p_1/π）ドルになります。アメリカの消費者は自国で生産された財の価格p^*_2との相対価格$p_1/\pi p^*_2$でどの車を買うかを決定

54 第1部 国際システムの理論

します。日本の消費者行動も同様です。したがって経常収支の関数はつぎのようにかきかえられます。

$$CA \equiv X(p_1/\pi p^*_2) - \pi Im(p_1/\pi p^*_2, Y)$$

さらに自国と外国において不完全雇用のために物価が安定しているとすると、価格は定数とみなしそれぞれ1と置き換えることができるので、

$$CA \equiv X(\pi) - \pi Im(\pi, Y)$$

となります。πが大きくなる円安において、日本からの輸出が増え、輸入は減少して経常収支が改善(黒字)にします。逆に、πが小さくなる円高においては輸出は停滞し、輸入がふえ経常収支が悪化(赤字)になることがわかります。

輸入需要の為替レート弾力性$\Delta X/X/\Delta \pi/\pi$と輸出需要の為替レート弾力性$\Delta Im/Im/\Delta \pi/\pi$の和が1以下という、相対価格の変化に対する財の需要量の調整が遅い場合にはJカーブ効果が生じることが知られています。このJカーブ効果が生じると国際貿易摩擦は長期化することになります。

3.8 金利と為替レートの連関

つぎに、国際金融市場において各国の利子率、為替レートはどのように連関しているのか、すなわち、ある国の金融・財政政策

がどのように外国に波及するのかを考察します。個々の投資家が自国通貨建て金融資産の他に外貨建て資産を保有する場合の資産選択行動を分析するには、利子率裁定と投機とを区別しておくことが必要です。

　利子率裁定は為替レートの変化に伴う危険を負うことなく、円建て証券とドル券との収益率の差異から利益を得ようとする行動です。日本の居住者が金利i^*のドル建て証券を保有する場合、他に何らの行動もとらなければ、ある一定期間後にドルで評価してi^*の収益率が予想されますが、それがその時点でどれだけの円に変換されるかは為替レートの変動のいかんにかかっており、必ずしも確定的ではありません。日本に居住する投資家が為替変動のリスクを完全に回避しようとするには、一定期間後に手にはいるドルを前もって先物市場で売っておけばよいのです。このように、ドル証券を保有すると同時に、先物市場でドルを売却することを先物で(危険を)カバーするといいます。日本の投資家が資金を先物カバー付きでドル建て証券に一定期間だけ投資したとき、もしその期間の直物ドルの価格がπ円(すなわち、邦貨建て直物レートはπ)で邦貨建て先物レートはπ_fであるとすれば、そこから得られる収益率は円で測って、$(1+i^*)\pi_f/\pi-1$となります。

　日本の居住者は、円建て証券を購入してiという金利で資金を運用することができます。したがって彼等は$(1+i^*)$$\pi_f/\pi-1$と$i$とを比較して前者が高ければ為替リスクを負うことなく、ドル建て証券に投資することによって利益を得ることができます。逆に、iが$(1+i^*)\pi_f/\pi-1$よりも低ければ、日本の居住者は海外でドル建て証券を発行して得た資金を先物カバー付きで円建て証券に投資することによって、や

はり利益を得ることができます。したがって、先物カバー付きの投資が完全に自由に行われるというのであれば、均衡においては、それらの投資から利益が生じないという状況が成立しなければなりません。すなわち、内外の金利i、i*、為替の直物レートπと先物レートπ_fとの間で、次の関係式が常に成立しなければなりません。$(1+i^*)\pi_f/\pi-1=1$、あるいは、$\pi_f/\pi=(1+i)/(1+i^*)$となります。この関係式はカバーされた金利裁定とよばれますが、さらに近似的に$(\pi_f-\pi)/\pi=i-i^*$と表現されます。左辺の$(\pi_f-\pi)/\pi$という項は一定期間後の先物レートπ_fと直物レートπとの差を直物レートπで除した値で、正であれば先物プレミアム、負であればディスカウントとなります。現実には取引費用や利子所得税があるので上述の式はやや修正されなければなりません。

　さらに現在では、一国全体で累積経常収支である対外資産の残高全体を、外国為替の先物市場で対外資産の残高全体をカバーするだけの投機家の先物需要がないために、一般的には以下の式が成立すると考えられています。$i=i^*+(\pi_e-\pi)/\pi-$リスクプレミアム　または金利差$(i-i^*)=$予想為替レート変化率$-$リスクプレミアムとなります。この式は外貨建て証券の予想収益率が予想為替レート変動による不確実性のために、国内証券の収益率よりリスクプレミアムの分だけ大きくなることを意味しています。

　日本人がドル建ての株式や証券を保有するとしましょう。その時の収益率は証券の場合は米国の市場利子率＋予想為替レート変化率となり、株式の場合は配当/今期の株価＋株価変動率(資本利得)＋予想為替変化率となります。すなわち、米国人の投資家と違って日本人がドル建ての証券、株式を保有する場合には予想為

替レート変化率が大きく影響するのです。具体的には、予想為替レート変化率は次期為替レートから今期為替レートを引いたものを、今期為替レートを割ることによってえられます。

　たとえば日本人が3カ月もの米国の財務省証券を買うと、現在1ドルが150円であったとして次期に1ドル155円の円安になると考えれば、予想為替レート変化率は(155−150)−150 = 1/30になります。要するに財務省証券の金利に加えて、為替レートの変動による1/30の収益があります。逆に円高の場合には、予想為替レート変化率は(145−150)/150 = -1/30になります。財務省証券の金利が高くても円高の局面においては為替レートの上昇による収益の低下をもたらします。

　ところで米国の金利が上昇するとき、将来の為替レートの水準への予想があまり変化しないならば、日本人の投資家は日本の金融資産から米国の金融資産へ乗り換えようとして資本が米国へ移動しドルへの超過需要を生じドル高円安にとなります。ドル高が持続すると、日本から米国への輸出(米国の輸入)がふえ米国の輸出(日本の輸入)が停滞します。そうなると、米国の国際収支の経常収支は大幅赤字となり、日本の経常収支は大幅黒字となり、外国為替市場においてドルの超過供給となり、円高ドル安へとなります。
　すでに説明したように開放経済における財市場の均衡式はY＝C＋I＋G＋X−Imです。ところで所得がどのように使われるかにより次式が成立します。Y＝C＋S＋T、ただしSは総貯蓄で、Tは政府の租税収入を表します。さらに総生産と総所得が等しいことから、以下の式がえられます。S t−I t＝G t−Tt＋CAt、

小文字 t は年次を表します。この式の意味は、一国全体で事後的には、ある1年間の民間の総貯蓄と総投資の乖離が、中央と地方政府を加えた一般政府の貯蓄に海外貯蓄を加えたものになるということです。このことをもう少し詳しく検討するために、$G_t = G'_t + i_t D_t = \Delta D_t + T_t$ と $\Delta F_t = CA$ の2つの式を加えます。前式は、一般政府の予算制約式といわれるものであり、t年の総租税 T_t と新規の国債発行 ΔD_t が政府の収入であり、これが政府の一般支出 G'_t と政府債務残高 D_t への利払い $i_t D_t$ にまわされることを意味しています。後式は一国の国際収支の経常収支は、その同額が外国に流出すると同時に、民間の外貨（ドル）建て金融資産が ΔF だけ増加していることを意味しています。たとえば、民間貯蓄が投資を超過し、均衡財政（$G_t = T_t$）であるならば、国際収支の経常収支は黒字となり、同じ状況で財政赤字による政府支出の拡張は、経常収支の黒字幅を縮小させます。

　このことをストックの側面から考えると以下の式がえられます。$\Sigma(S_t - I_t) = \Sigma(G_t - T_t) + \Sigma CA_t$　この式は以下のことを意味しています。金融資産 $\Sigma S_t = W$ から資本ストック $\Sigma I_t = K$ をさしひいたものが、公債残高 $\Sigma(G_t - T_t)$ に外貨建て総資産すなわち累積経常収支 ΣCA_t を加えたものになります。累積経常収支は、資産項目でみると対外純資産と等しく、多くの先進国では資産であるのに対して、発展途上国では負の資産である累積外貨債務となります。

3.9　経済成長

　経済が発展するかどうかは、基本的には資本蓄積に関わってお

り、地球規模での経済統合が進んだ現代では、国際的な直接・間接投資による外国の貯蓄の利用および輸入資本財の利用が途上国の発展に大きく関わっています。

　産業革命以来、アメリカをはじめとしてさまざまな国が持続的な経済成長を遂げてきました。経済成長率がマイナスになった1930年代の大恐慌の時期、第二次世界大戦や一日にして石油価格が5倍になり生じた1970年代中ごろの石油危機の時代を除けば、長い目で見ると先進工業社会は驚くべき強靭さをもって成長してきました。

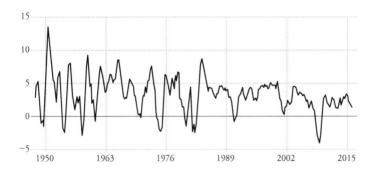

図3-8　アメリカの大恐慌後の経済成長
（資料：アメリカ財務省）

　ある経済が成長するためには土地、労働および資本の生産要素が成長することが必要です。現在私たちが生存している地球の利用可能な土地は一定とみなせます。海岸地帯の埋め立て、丘陵の平地の造成、灌漑設備の普及による砂漠や密林の農地への転換などにより利用可能な土地は増加する可能性はありますが、他の労働と資本の増加率に比べれば小さいので以下に説明される経済モ

60　第1部　国際システムの理論

デルでは一定と仮定されます。さらに生産要素をより効率的に利用する生産技術の進歩および革新によって経済は成長を持続させていきます。

3.10　経済成長と寄与率

　寄与率の分析は、国民総支出GNE(Y)を構成する民間消費支出(C)、民間総固定資本形成(I)、政府支出(G)、総輸出（X）および総輸入(M)などのそれぞれの項目が、ある期間の経済成長にどれだけ貢献したかをみるための指標です。その考え方は、一定の期間について国民総支出の成長率を求め、その成長を達成するために、それぞれの構成要素が何パーセントずつ貢献したかをみようとするものです。国民総支出は国民総生産に等しく、国民総支出の定義により以下の式が成立します。

$$Y \equiv C + I + G + X - Im$$

また、各支出の増加分をたすと、国民総生産の増加分となり以下の式が成立します。

$$\Delta Y \equiv \Delta C + \Delta I + \Delta G + \Delta X - \Delta Im$$

　国民総生産の成長率$\Delta Y/Y$は以下の式で表されます。

$$\Delta Y/Y = C/Y \cdot \Delta C/C + I/Y \cdot \Delta I/I + G/Y \cdot \Delta G/G + X/Y \cdot \Delta X/X - Im/Y \cdot \Delta Im/Im$$

第3章　資本主義下の市場経済　　61

　すなわち、国民総支出の成長率は、各構成要素の成長率の加重平均になっています。民間総消費の成長が経済成長率に与える寄与度はC/Y・ΔC/C ／ ΔY/YによりΔC/ ΔYで、総輸出が経済成長率に与える寄与率はΔX / ΔYです。

第4章　国際的な安全保障の枠組み

4.1　国際システムの権力構造

　第二次世界大戦の戦勝国を中心に組織された安全保障のための国際機関が国際連合です。その集団安全保障制度は、世界全体の安全保障を確保するための勢力均衡論の延長として捉えることができます。その枠組みにおいては、複数の国家が相互に同盟関係を結び、違反国に対して共同で制裁を行うと想定しています。国際連合には安全保障理事会があり、安全保障に関する主な責任と権限をもっています。この理事会の決定は15カ国の多数決によってなされますが、多大な影響を与える政策を行うことが可能になります。常任理事国のアメリカ、ロシア、イギリス、フランスおよび中華人民共和国が拒否権をもっています。中華人民共和国は、1971年10月に国際連合に加盟し、同時に中華民国に代わって常任理事国になりました。ところで、総会における評決は、一国一票制によって行われていますが、世界全体に関わる重要な議題における総会の役割はあまり大きくはありません。ちなみに、2016年において、国際連合の諸機関の運営に使われる毎年の資金のうち、分担率は、アメリカが22パーセントで、日本が9.680パーセントで、第3位は中国の7.921パーセントです。

国際通貨基金(IMF) は、2016年初頭にガバナンスと恒常的な資本を歴史的かつ抜本的に変えました。全選任制の理事会の誕生に必要な IMF 協定の改正が発効し、より広範なクォータおよびガバナンス改革が実施されました。クォータおよびガバナンス改革にはこの一般見直しのもとで、IMF クォータの倍増、および、役割をより適切に反映させるためのクォータのシェアの新興市場国や途上国への大幅なシフトが実施されました。この改革により、IMF の信頼性、実効性および正当性が強化されました。新興市場 4 カ国のブラジル、中国、インドおよびロシアがはじめてIMFの10大出資国に名を連ねることになりました。また、IMFの恒常的な資本が 4,770 億SDRおよそ6,590 億米ドルへと倍増することから、その資金面の力もますことになりました。IMFの専務理事は、「真に歴史的な改革を批准した加盟国を称える」と述べました。これらの改革により、急激に変化している国際環境の中で、IMFが、加盟国の要望により適切に応えつつ、今後も国際金融において中心的な役割を果たして行くことになります。

　国際通貨・金融体制を支える国際通貨基金IMFにおける意思決定は、クォータ、加重表決制によって行われており、2016年10月現在アメリカは全体投票数を100として17.47票をもち、日本は第2番目の6.49票です。中国は6.42票、ドイツは5.61票、イギリスは4.24票、そしてフランスは4.24票をもっています。G 7を構成するアメリカ、日本、イギリス、ドイツ、フランス、カナダおよびイタリアが合意すると世界の金融市場に多大な影響力をもっています。

　一方、国際援助体制を支える国際復興開発銀行・世界銀行の決定もクォータ、加重表決制によって行われており、2015年3月時

点で、アメリカは全体投票数を100として16.27票をもち、日本は第2番目の7.54票で、中国は4.86票をもっています。中国人民銀行(中央銀行)は、2016年8月初旬に、世界銀行が中国の銀行間市場において、国際通貨基金(IMF)の「特別引き出し権(SDR)」建ての債券を発行することを許可したと発表しました。発行総額は20億SDRでした。SDRはドルや円など複数の主要通貨で構成され、同年10月から中国の人民元も組み込まれました。世界銀行の債券は、額面はSDR建てですが、実際の決済は人民元で行われます。このことにより、国際的なSDRの利用拡大の促進がもたらされ、国際金融システムの安定性が高まることが期待されます。

　ちなみに、国際通貨基金の事務局の長である理事長は、設立以来ヨーロッパから選出され、世界銀行の総裁はアメリカから選出されています。

表4-1　国際機関の意思決定方法

	表決方法	最終意思決定機関
国際連合	総会　一国一票	安全保障理事会(米、英、仏、露、中に拒否権)
IMF	加重表決制	代表理事会(クォータ) 米17.47、日6.49、中6.42、独5.61、英4.24、仏4.24、伊3.17、加2.32
世界銀行	加重表決制	代表理事会(クォータ) 米16.27、日7.54、独4.41、仏3.95、英3.95、加2.68、伊2.50
WTO	合意	紛争処理機関

世界貿易機関(WTO)は国際貿易に関する仕事をしており、その役割は諸協定に関する事項について、加盟国の共通の制度的枠組みを提供することです。具体的には、実施の促進、交渉舞台の提供、貿易紛争処理機関の運営、貿易政策検討委員会の運営および国際通貨基金や国際復興開発銀行との協力があげられています。総会の決議は基本的には各国の合意によって行われています。

4.2 国際連合

国際連合は、1944年のダンバートン・オークス会議で設立が模索され、翌年のサンフランシスコ会議によって創設されました。国際連合は大小さまざまな国民国家において生活する人々の安全を保障するために、多国間協定から成立した集団安全保障のための国際組織であり、その精神において第一次世界大戦後に設立された国際連盟の理念を受け継いでいます。その目的は、国際的な平和および安全を維持するために、平和に対する脅威の防止および除去と侵略行為やその他の平和を破壊する行為を抑制するために、武力を含む有効な集団的な措置をとることにあります。さらに国際紛争の調整または解決を平和的手段によって、かつ正義および国際法の原則に従って実現することを目的としています。国際連合の安全保障理事会は、世界の安全保障に関する主な責任と権限をもっていますが、2003年初めのイラク問題を契機として、この拒否権が集団安全保障においてはたすべき役割が問われています。さらに、2011年1月以降、中東のシリア国内では、政府軍と非国家武装集団による大規模な内戦が続いており、民間人の多くの人命が失われ、民間の施設にも計り知れない被害が及んで

66 第1部 国際システムの理論

いますが、国際連合は確固たる軍事行動がとれない状態が続いています。この主な理由は、アメリカやフランスは現政権に批判的ですが、ロシアや中国がこの政権を擁護しているからです。

絶対的権力が存在しない状況下では国際社会は基本的には無秩序状態にあり、国家は生存と独立の維持およびそれが確保された状況で、その勢力の拡張を目指しています。勢力の均衡が保たれている世界においては、同盟関係を維持している国の外に共通の脅威となる国があります。明示的な敵や脅威がなくても、潜在的な脅威があると、脅威の発生を予防し抑止することも安全保障に関わる目的となります。

国際システムが安定的に維持されるメカニズムとして勢力均衡という考え方が重視されてきましたが、通常同盟は多くの国にとって安全保障の要であり勢力均衡のための手段です。19世紀以降ヨーロッパにおいて国際秩序を維持し、各国間の軍事力を一定に保つことによって勢力を均衡させるという考え方が支配するようになりました。イギリスは貿易を円滑に行うために相手国の独立の維持に腐心するようになり、小国の独立を脅かす国をすべて敵とみなし、自国の強い軍事力を維持することによって勢力を均衡させるという政策を採りました。この勢力均衡論では、近隣諸国との現状維持を目指しており、自国の国益の確保を目的とする個別安全保障でした。平和を志向するはずのこの外交政策は、結局戦争の勃発を防げず、戦後国際連合による集団安全保障が国際秩序の形成のための中心的な枠組みとなりました。現在では同盟の編成による多国の集団防衛のみならず、周辺国の地域紛争の処理や紛争の予防が重要な課題になっています。

個々の独立国家による同盟関係により成立する勢力均衡に基づく安全保障体制は、均衡が一度破壊されてしまうと、容易に戦争に突入してしまう危険性を秘めています。したがって、いかなる国家の勢力拡大も許さないという厳しい姿勢をもつ同盟国家が安全と独立を維持しようとする集団安全保障のみが、戦争や紛争を回避できるのです。

4.3 国際システムの成立と変容

今日の国際システムの原型は、神聖ローマ帝国を解体に導いた戦争を終結させるために、ウェストファリア条約が締結された17世紀半ば頃、ヨーロッパに出現した主権国家の国際関係にみいだすことができます。19世紀までにはヨーロッパ大陸とアメリカ大陸のほぼ全域とアジアの一部、20世紀には世界のほとんど全体をこのシステムが包含するようになりました。このシステムの特徴は、諸国家がお互いの主権、つまり各々の領土内での排他的支配権を認めることにあります。しかしながら、さまざまな商品やサービスやその生産に必要である資本や労働の国際的な移動によって、相互に依存する国際的な経済環境が出現し、このことがウェストファリア条約によって出現した「国家」の主権を侵害するようになっています。ウェストファリア条約のうえでの国家「主権」の侵害は、地球規模での経済の同一化が進展した現代において、「帰らざる河」です。しかしながら、この「主権」の侵害の進展によって、先進国では国民一人ひとりの幸せが小さくなったわけではありませんが、発展途上国においては生存権が脅かされるようになっています。

68　第1部　国際システムの理論

　公共財という、共同で利用され使用者を排除できない財・サービスがあり、その例は国際通貨や貿易制度です。制度の設立と維持管理は2段階のゲームと見なされます。すなわち、第1段階ではゲームの規則が決められ、第2段階でその規則の下での制度の維持管理が実行されるのです。この場合には、国際的な安全保障の枠組みが、どのようにして維持管理されるかに制度の安定性が依存しています。

　国際政治学においては、諸国家間における権力配分、富の配分状況により国家の行動を観察し、目的論に陥らないようにするために、当事者の行為、目的と制度の機能が合致しているかどうかが注意深く吟味されてきました。国際社会は、囚人のジレンマ状態にあり、共通利益の存在は必ずしも協力を保証せず、対立によって特徴付けられていることが示唆されています。覇権国家が国益のみを追求する非協力ゲームにおいてシステムは不安定化する可能性が高いのです。ある一つの国家は自国の利益を追求する合理的な意思決定の主体とも見なされますが、国家の意思決定が常に合理的なのか定かではありません。特に国家の外交政策は、さまざまな圧力団体やロビイストによる政策決定過程における介入によって、国民の大多数の反対もかかわらず、特定の少数の意見が反映されたものになる可能性があります。

　国際政治学におけるリアリストの立場では、国際関係の基本的行為の主体は国家であり、国家は権力を目的そのものとして、または他の目的を達成する手段として追求します。したがって、国家の対外行為は合理性を基準として客観的に把握できると想定しています。このリアリストの見方も、国益重視の重商主義的な視点、すなわち、古典的なホッブズの「万人の万人に対する闘争」か

ら、国際システムを覇権国家が指導者的立場をとる協力ゲームと見なす立場まで、微妙なニュアンスの違いをもっています。この立場からの代表的な見方は、ロバート・ギルピンによってほぼ完成をみた覇権安定論です。覇権国とは圧倒的な軍事力や経済力、特に市場への影響力および先端技術に優位をもつ国です。この覇権国が国際安全保障の枠組みを提供し、国際的な諸制度のルールを創設し、維持管理するのです。国際的な諸制度の提供とは、国際公共財の提供であり、覇権国は経済的負担も積極的に負います。現在、アメリカの経済・軍事力の緩やかな低下、それに伴う中華人民共和国の台頭により国際システムは新たな制度への移行期にあります。

　リベラル派によれば、国際政治経済は相互の協力によってお互いの経済厚生が増大するプラス・サムの状況にあります。したがって、国家は自国の利益を追求する合理性をもって行動すると、その結果として国際協力が成り立ち、相互依存という一種のメカニズムによって国家間の国際協力がもたらされることになるのです。国際システムを規定する強制力は軍事力だけではなく、経済力や資源・エネルギー、食糧、技術などさまざまな権力を形づくる要素があり、国際交渉の担当者としての国家の役割が相対化されるようになりました。その主な要因は、一つには相互依存の拡大、交渉担当者の多様化と、もう一つには自由貿易進展の結果生じてしまった国家の役割の低下があります。このリベラル派には、『覇権後の国際政治経済学』を執筆したロバート・コヘインや、『相互依存論』『不滅の大国アメリカ』の著作があるジョセフ・ナイがいます。コヘインは国際制度を世界連邦政府のたよりない代用品などではなく、利己的な諸国家の間の分権的な協力を容易にする

工夫であるとみなしています。

世界を先進諸国と発展途上国に階層化して、非協力ゲームとして捉えると、マルクス主義からの理論分析である「世界システム論」に到達します。これは、イマニュエル・ウォーラーステインによって理論としてほぼ完成されました。この理論によると、発展途上国は先進国に永遠に経済的に従属し、収奪されつづけることになってしまいます。その原因は、不等価交換に基づく国際的な市場取引にあります。この不等価交換は、マルクス経済学で前提されている投下労働価値説から導きだされます。すなわち、途上国において投下された一単位の労働が生み出す生産物と先進国において投下された一単位の労働が生み出す生産物は、等価で交換されることはありません。なぜなら先進国では今までの資本蓄積により、労働の限界生産物は、資本蓄積が相対的に少ない途上国の労働のそれよりはるかに高いのです。先進国の労働者は、レーニンの言葉をかりるならば、労働者貴族ということになります。この事実は以下のように説明することもできます。ある2人の農民がいて、同じ広さの畑を持っているのですが、1人は最新鋭のトラクターを持っていて、もう人は鍬しか持っていません。1年間の労働でどの程度の所得の差が出るかは容易に理解されます。

「世界システム論」によると、世界全体を支配する一つの政治機構がすでに成立しており、政治的に統合されています。世界経済は資本制生産様式の中で機能しており、世界全体で分業による協業が成立しています。あらゆる物やサービスが商品化され、市場取引によって超過利潤が生みだされ、資本がいっそう蓄積されていきます。不等価交換による、世界規模における商品・サービスの生産・消費のネットワークによって、国際的な労働者の階層分

化が進み、先進国の労働者貴族が成立します。労働力も商品化されますが、自由な賃金労働は世界の労働力のほんの一部となってしまいます。分業体制を利用して「中心」をなす少数の先進国は、付加価値の高い製造業や第三次産業に特化して、超過利潤の大部分を得ることになります。多くの発展途上国からなる「周辺」は、鉱山業や農業といった第一次産業や、大量生産の商品の製造に特化します。「中心」と「周辺」の中間に位置する「半周辺」には、アジアや新興工業地域などがあり、「中心」からは工業製品がその他の地域に、「周辺」からは原材料および食糧が「中心」に、国際貿易により流通していきます。「中心」と「周辺」の分業体制により、先進国は中央集権化し、周辺諸国は「低開発化」され、両者の格差は拡大するだけとなります。

4.4　国際システムと交渉費用

　従来、国際システムは国民国家を超える国際秩序ではないと理解されてきました。すなわち、国家主権を超えるものではなく、合理的で利己的な国家の行動によって動機づけられた取り組みとして理解されてきました。国際システムは、原則、規範、規則と意思決定方法の要素により定義され、仲介役、事務局の設置や会合場所の提供などによって正当な交渉の取引費用を低下させる一方で、正当性を欠く交渉の費用を高めています。制度は一度確立されると、追加的な問題を処理する限界費用も制度が無い場合より低下します。しかしながら、制度は一旦成立してしまうと副次効果を持ち、交渉に必要な問題領域のリンケージを可能にします。制度なき状況では、それぞれの政府は他の何かをえるために、何

かを諦めなければならない交渉が多く、交渉が停滞するか、決裂する可能性が高くなってしまいます。制度は、体系的な偏向が存在しているという交渉の当事者間の情報の非対称性を低下させるとともに、情報の信頼性を高めて政府の行動の成果をはかる行動基準を与えます。また、この制度は交渉相手国の自国に対する評価をできるだけ正確に捉えるのを助けます。

第2部　国際システムの制度

第5章　国際通貨制度

第6章　国際貿易制度

第7章　国際援助制度

第8章　地球環境の保全

第5章　国際通貨制度

　欧州連合の主要通貨ユーロは、**図5-1**に示されているように1999年導入以来、国際的な通貨としての価値があがっており、ドルの国際通貨としての相対的地位は低下しています。国際通貨ユーロを持つ欧州連合や、ブラジル、ロシア、インド、中国などの新興諸国の経済力の台頭によって、国際通貨の番人である国際通貨基金IMFの国際機関としての統治が問われています。世界共治の一つの具体例として、イギリスとアメリカによってIMFは創出されましたが、アメリカの国際的な経済力が弱まりつつある今日、国際通貨・金融問題に対する国際的な共治の機関として

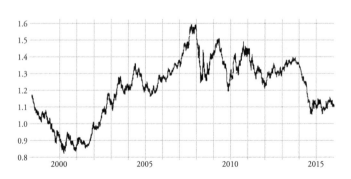

図 5-1　ユーロドルレート

（資料：欧州中央銀行）

設立されたIMFは、組織運営の観点から意思決定に関する説明責任が改めて問われることになっています。

　市場における自由な取引や人、物やサービスの国際間の自由な往来を保障する協定から成立したのが、国際連合の独立専門機関、国際通貨基金(IMF、International Monetary Fund)や世界貿易機関(WTO、World Trade Organization)です。市場における自由な取引が地球を覆う度合いは社会主義政権の崩壊や地球規模における経済統合の進展によってさらに大きくなっています。このような自由な市場取引を基礎として、それを円滑に機能させるために、国際機関による規則の策定や実施および維持管理が行われています。

　以下ではまず世界共治(グローバルガバナンス)の一つの具体例として、イギリス人のケインズとアメリカ人のホワイトの偉大なる創意による国際通貨基金(IMF)の役割の変遷を概観します。国際通貨基金は国際連合の特別専門機関として国際金融の部門を担当しています。当初は加盟国が出資した基金を元に運営されていましたが、現在では、特別引き出し権(SDR)の増資によって資金は賄われるようになっています。最初のSDRの増資は1970年の1月1日に行われ、1ドルが1SDRでした。増資が決まると、各国へは決められたクォータによって配分されます。SDRの価値は、主要国の通貨ドル、ユーロ、ポンドおよび円のある通貨バスケットで決められています。

　2016年10月からSDRの構成に中国の人民元が入り、元が10.92パーセントとなり、ドル41.73パーセントとユーロ30.93パーセントに次ぐ3位となりました。ちなみに、円は8.33パーセントでイギリスポンドは8.09パーセントです。

5.1 ブレトンウッズ体制

　第二次世界大戦後、戦勝国のアメリカ合衆国は巨大な軍事力と経済力にもとづく覇権によって、国際通貨発行権を求め、ブレトンウッズ体制を創設しました。この体制における国際金融制度の中心には、金と一定の比率で交換が保証されたアメリカの通貨ドルがおかれ、加盟国の通貨は固定された為替レートによってドルおよび金と交換されることになりました。したがって、この制度は金—ドル本位制と呼ばれるものでした。当時、多くの識者は、この制度のもとで大恐慌前後において採用された金本位制の欠点は免れるものと考えていました。その欠点とは、国内経済の運営が国際収支の動向に大きく左右されるということであり、それは国際通貨の供給が新規の世界全体における金の生産に大きく依存していたからでした。

　この新たな体制は設立当初、1930年代の規制とは逆の、自由で多角的な秩序をつくることを目指しました。為替レートは通常固定化されることになり、商業銀行のほとんどが為替取引への誘因をもつように、かつての金本位制度の下において、決済のために金塊を送る取引費用を参考にして、上下1パーセントの幅をおくことにしました。加盟国すべての為替レートの水準は直接的あるいは間接的に金で表示されることになりました。この為替制度ではレートの水準は、その国が要求し、かつ国際通貨基金が経済的な基礎的不均衡を修正するのが必要であると認めたときには変更が可能であったので、変更可能な釘付けレート制度とよばれました。この基礎的不均衡という概念は公式には規定されませんで

したが、それに該当するのはインフレや失業という国内における不均衡あるいは、緩やかな景気循環の中で対外均衡を維持し続けることができないような状況です。

この制度のもとでは、国際収支における経常収支の赤字によって、一時的に外貨の支払い不能に陥った国は、IMFから外貨を借り入れることができましたが、加盟各国は国内経済の自律性と国際経済の安定を同時に追求することを余儀なくされました。すなわち一国の総輸入と総輸出が大きく乖離して経常収支が一時的に大幅な赤字に陥った場合には、基金からの緊急融資の道が開かれていました。しかし、それには財政支出の抑制や、金融引締めによる民間設備投資の削減というマクロの需要管理政策を行うことが条件となっていました。国際収支の不均衡が実質為替レートの過剰な切り上がりによると認められる場合には、為替レートを切り下げることがIMFから承認されることになっていましたが、当初の20年間において主要国の為替レートはほとんど変更されませんでした。これは国際収支の大幅な不均衡にもかかわらず、政治的および経済的リスクのために為替レートの変更がなかなか実行されなかったからです。

IMFの加盟国が対外支払において困難に陥ると、基金から一定の条件で融資を受けることができますが、この融資は加盟国が自国通貨を払い込んで必要な外貨を基金から自国通貨で買うという形をとっています。融資できる通貨は、加盟国が拠出している各国の通貨、特にドルやユーロ、円等の主要国通貨です。ある一定額以上の融資を受けたいときには、基金がその国と協議しつつ作成する「経済調整プログラム」を受け入れ、それに従って経済政策を実行することを約束しなければなりません。このプログラム

78 第2部 国際システムの制度

には財政金融政策や物価、賃金等について一定の制約条件がつけられることになりますが、この条件を融資の「コンディショナリティ」といいます。もし融資の受け入れ国が融資の条件に違反すれば、その段階でそれ以上の融資は自動的に停止されます。

通常、この条件は緊縮的な財政金融政策を実施することを要求するので、受け入れ国の国際収支の改善には役立ちますが、経済成長を阻害するという批判があります。コンディショナリティのもつ1つの利点は、その融資額は必ずしも大きくないのですが、他の債権国がこの融資をきっかけとしてその国に再び融資するようになるので、外貨債務の返済が滞ってしまった国は大きな利益を受けることです。同じことが公的資金の借り入れについても当てはまり、主要債権国会議(パリクラブ)も債務国がこの経済調整プログラムを受け入れることを条件に、返済繰り延べ等の支援の手をさしのべています。

1970年代に入る頃になると、ブレトンウッズ体制の長所と見なされていた管理通貨、すなわちアメリカのドルによる国際通貨の供給はこの体制の欠陥とみなされるようになってきました。ベトナム戦争などによる財政支出の拡大によって、アメリカの国際収支は大幅な赤字を示すようになり、多量のドルが海外に流出し、日本および西欧において外貨準備の残高がふえました。その結果、国際通貨としてのドルの価値に対する信認が揺らぎ始めたのです。これはトリフィンのジレンマとして有名です。すなわち、アメリカの経常収支が赤字でドルが世界に供給されなくては、世界貿易の円滑な成長は望めません。かといってアメリカの貿易赤字が巨大すぎて、ドルが世界の金融市場に過剰に供給されてしまうと、ドルへの信認が揺らいでしまうのです。

第5章　国際通貨制度　　79

　1960年代の後半に経常収支の慢性的赤字に悩まされていたアメリカは、経常黒字国の西ドイツと日本に大幅な為替レートの切り上げを要求するようになりました。そして、ついに1970年の9月、ドルと金の交換性が停止されるにおよんで、ブレトンウッズ体制は崩壊しました。ここに金と国際通貨の関係は名目上も終止符をうったのです。

　多くのマルクス経済学者は金とドルの交換性に基づいて、貨幣は金でなければならないというマルクスの指摘が真理であると主張していましたが、金とドルの交換性というのは、覇権国家アメリカがドルを国際通貨として西欧に受け入れさせるための巧妙なレトリックと考えられます。なぜならばこれ以後、金の国際市場での価格はドルの他の主要通貨に対する変動よりもかなり大きく変動したからです。ドルが金の保護下にあったのでなく、金がドルの保護下にあったのです。

5.2　変動為替レート制度対共通通貨

　アメリカにおける産業上の国際的な比較優位は金融産業にあります。価格が乱高下する金融資産への投機は莫大な利益をもたらします。ハイリスク・ハイリターンといわれる所以です。同じリスクをもつ金融資産の利益率の平準化をもたらす裁定取引では、投資家は超過利潤を得ることはできません。しかし、ジョン・ウィリアムソンが「体制のない体制」とよんだ変動相場制度こそが莫大な利益を生んでいるのです。変動し、自由な短期資本の移動が保証されるかぎり、アメリカに巨万の富をもたらす機会を提供し、それが閉ざされれば、莫大な利益の可能性は非常に低下する

ことになってしまいます。さらにアメリカドルが地位をさげ、国際的なドルへの信認を低下させるということは、1950年代にポンドがドルに取って代わられたイギリスが経験したように、国際金融市場でのドルの価値を下げるとともに、経済の活力の低下をもたらします。

1961年にロバート・マンデルは、最適通貨圏の理論を発表し、ある国家の行政圏とその国で流通している通貨圏は同一ではないことを主張し、この時代に導入が叫ばれていた変動相場制度に疑義を唱えました。この主張は、最適通貨圏は国家の境界を超えていることを指摘しています。さらに、この最適通貨圏の理論を冷静に分析してみると、国家を超えた最適行政圏の境界はどのように形成されるべきかという、衝撃的な内容を含んでいます。

それではまず、変動相場制度に関する議論の展開を見てみましょう。変動相場制を擁護する立場を、小宮隆太郎著『国際経済学研究』の「最適通貨地域の理論」は以下のように要約しています。「ミルトン・フリードマンやジェイムズ・ミード等に始まる伝統的な変動為替レートの理論は、賃金・価格の硬直性のために国内均衡と国際均衡の矛盾が生じる場合には、各国が対外均衡の調整方式として変動為替レート制度を採用することがもっとも望ましい」。ブレトンウッズ体制が最盛期に入った1960年前後に、フリードマンは政府による市場経済への介入を最小限にすることを主張して、市場の需要と供給に応じて自由に上下に変動する変動相場制を擁護しました。

これに対して、マンデルは商品の国際的な取引や国際投資に行われる際の経済的利益を指摘して、究極の固定相場制度、すなわち共通通貨からなる最適通貨圏を主張しました。貨幣は使われる地域が広ければ広いほど貨幣としての機能、すなわち、交換手段、価値基準および価値保蔵の機能がよりよく発揮されます。このように考えると、最適通貨圏の条件は以下のように考えられます。資本や労働の生産要素の移動性が高く、金融の統合が進みさらに対外取引が大きい、つまり経済の開放度が高い場合です。商品の生産、消費および投資などの経済活動によって生じる資本は相対的に過剰な地域から希少な地域に移動していき、国際的には国際収支における経常収支の黒字国から赤字国に資本が移動して行くことになります。さらに、人々が住居を容易に変更できる地域で、外国との貿易取引が国内経済の中で大きな割合をしめている経済地域はこの条件をみたしています。

　変動相場制度はいかなる国に対しても国際通貨の発行権を否定するものであり、究極的には国際通貨そのものが不必要となります。ただし、実際には特定の通貨に対する国際投資、および貿易に関する取引のための国際通貨への需要がなくなるわけではないので、通貨発行権による利益は特定の覇権国に存続します。変動相場制を支持する経済学者は、この制度のもとでは各国が悩まされていた経常収支の大幅な黒字や赤字は為替レートの変動によって短期間に容易に解消され、国際収支の調整のための政策はすべて不必要になると考えていました。対外収支が赤字のときには為替相場の下落が失業に取って代わることができ、黒字のときには為替相場の上昇がインフレに取って代わることができるのです。

さらに、外国の景気変動による国内経済への影響を遮断できるという隔離効果があると主張されました。

またフリードマンをはじめとして、為替レートの完全な伸縮性は為替レート安定化につながると考えていました。その根拠は、経常収支は為替レートの変化に速やかに反応し、為替レートの切り下がりにもかかわらずかえって経常収支が悪化するというJカーブ効果などはあり得ないというものでした。さらに投機は為替レートの安定化に貢献し、過剰調整などは存在しないと考えていました。ただし、この制度が円滑に機能するためには、為替相場の変化による相対価格の変化によって輸出産業と輸入産業との間を資本や労働が短期間で、しかも少ない調整費用で移動することが必要です。さらに、変動相場によって生み出されるリスクは、先物市場で安い費用でカバーすることができるという前提が必要でした。この主張を多くの門外漢は素朴に信じていました。しかし歴史の教えるところによると、為替レートの水準の決定は国際貿易のための取引需給に応じて決定されるのではありません。為替レートは、巨額な国際資本取引のために金融市場において決定され、株価と同じように市場参加者のさまざまな思惑、将来の経済活動に関する予想によって、時において気まぐれに乱高下するものなのです。

国際間の資本の移動は1970年代以降の国際経済の構造的変化によって加速的に促進されました。この構造的変化とは、国際貿易の拡大、2カ国以上に販売および生産の拠点をもっている多国籍会社の出現による国際間の資金移転への需要、国際通信機器の

発達による国際金融サービスにおける費用の低下による国際金融市場の統合でした。金融市場の統合が進み、労働者の移動も比較的容易な欧州連合において、加盟国の通貨価値を固定させる統一通貨ユーロは2001年の導入以来円滑に機能しています。

すでに、カネが取引される市場と商品およびモノが取引される市場において、需要と供給を調整する速度が大きく乖離するようになっています。大戦後の経済成長によって巨額な資本が蓄積され、さらに、金融市場の深化とともに金融商品の規格化および標準化が進み、金融資産価格は瞬時に変化し、価格の変動によって需要と供給の調整が行われます。商品市場においては、生産のための設備投資から最終購買者までに商品を供給するのに時間がかかり、需要と供給によって価格が上下に伸縮的に大きく変動することはありません。さらに、特定の商品を供給するには巨額な設備投資および研究開発投資が必要となり、巨大会社による寡占的状況が出現しました。すなわち会社はますます価格の変化によって売り上げの競争をするのではなく、製品差別化によって競争するようになりました。寡占会社のもとで、多くの製品の価格は上昇することはあっても、大きく下落することは少なくなりました。

将来の経済動向に関する予想によって、株価および金利と同時に、為替レートは瞬時に変化します。市場参加者の予想が不安定で、海外での軍事衝突などによる衝撃がはしる場合には、為替レートは乱高下することになります。この乱高下は貿易業者に為替取引に関する不確実性を高めさせ、海外との取引を疎外します。この乱高下による価格の変化を、価格競争が行われていない商品

市場において日々転嫁することは貿易業者や小売業者にとってあまり得策ではありません。したがって為替レートの変化による国際収支の不均衡の解消は困難となります。すなわち、1970年代後半から先進諸国において為替レートの大幅な切り上がりにもかかわらず、貿易収支の巨額な黒字が持続し、または大幅な切り下がりにもかかわらず巨額な赤字が持続するというJカーブ現象がおこりました。さらに、為替レートの乱高下の幅が大きくなるにつれて、変動相場制度の下における国際収支調整への疑念が各国政府の政策担当者に抱かれるようになり、日本、西ドイツおよびアメリカの通貨当局が積極的に外国為替市場に介入して為替レートの乱高下を阻止しようとしました。

第6章　国際貿易制度

　世界貿易機関WTOは各国の利害関係を調整して、国際貿易を拡大させるために設立され、機能しています。農産物は工業製品と比較して生産性向上が緩やかで、天候に左右されやすく、価格変動の幅が大きく、日々人々の食生活に直接関連しているため、健康や安全性から、または安全保障の面から、人々の関心が高い商品です。農業は補助金、輸入制限、高い関税率が残存しており、先進諸国間でも調整がなかなか難しい分野です。さらに、最近、中国を含め多くの発展途上国が世界貿易機関に加盟したために、主要輸出品目が農産物である開発途上国と先進工業諸国との調整も加わり、世界貿易機関での農産物貿易に関して合意に到達することは一層難しくなってきています。

　1948年スイスのジュネーブにおいて国際貿易促進のための関税引き下げ交渉の会議が開催されました。その際、先進各国が保護貿易に陥り、経済のブロック化が第二次世界大戦の引き金となったことへの反省がなされ、関税と貿易に関する一般協定ＧＡＴＴが締結されました。この一般協定の目的は貿易および経済の分野における批准国が、生活水準を高め完全雇用を維持しながら高い実質所得および有効需要を確保することです。そして、それによって世界における資源の有効な利用を促進させ、同時に商

品・サービスの生産および交換を拡大することにあります。

　この一般協定には3つの基本的な規定があります。それは、関税率を上げないこと、数量制限を課さないこと、そして、加盟しているすべての国に「最恵国」待遇を与えることです。しかしながら、例外規定があり、それは英連邦の加盟国間の関税特恵と、関税同盟と自由貿易圏を形成することです。この例外規定なしでは、自由貿易地域とか関税同盟という貿易ブロックの形成は違法となります。

　関税率は、戦後には主要先進国ではおよそ3割から5割でしたが、1970年代は4から5パーセント程度にまで激減しました。このような多国間の自由貿易の促進政策によって、世界の貿易額は、この20年の間におよそ7倍にふえました。他方、この世界貿易の拡大によって、特定の商品や財すなわち繊維、履物、鉄鋼、自動車、造船さらに家電製品等で、二国間の貿易摩擦が深刻化していきました。この結果、緊急避難措置・セーフガードをちらつかせての輸入大国から輸出国への「自主」規制の要求や農産物に関する例外規定の残存、発展途上国における幼稚産業保護の容認、数量割り当て、さらに最恵国待遇の規定に反する「自由貿易地域」の容認が、国際貿易交渉において重要な問題となっていきました。1950年代ごろまでには、二国間で関税交渉を通して行われるような容易な関税の引き下げの可能性はなくなってしまいました。このため、個別交渉から、成果が交渉に参加している国に容認されやすいと判断されるような、多くの一括譲許をもった、より複雑な交渉を始める必要にせまられ、多国間貿易交渉・東京ラウンドが開催されました。しかし、先進国諸国間における非関税障壁の排除はできないままでした。発展途上国は、限られた数

の途上国だけに欧州経済共同体の市場への商品の輸出が許される
ことを拒否しました。それを受けて1971年に、先進諸国が、発
展途上・低開発諸国からの輸入に関して、広範囲な品目にわたっ
て無税あるいは低税率、すなわち50パーセントの最恵国関税率
を適用する低開発国特恵が導入されました。ちなみに、ジョン・
ウィリアムソンは、1970年代中ごろに開発途上国から先進諸国
への総輸出のうち、低開発特恵の条項にあてはまるものは、2割
に満たなかったことを指摘しています。

6.1 貿易の拡大と摩擦

　国連貿易開発会議(UNCTAD、United Nations Conference for Trade
and Development)が、1964年にアジア・アフリカの新興国の主張
に基づいて設立され、途上国開発の手段として国際貿易が経済成
長のエンジンとして位置づけられました。この会議は一般協定が
先進国中心に運営されているとして、開発途上国の観点からさま
ざまな提言を行ってきました。特に、多国籍会社などが発展途上
国の国際収支や税収などに影響を与えていることを含めて、新国
際経済秩序を模索する動きが現れました。ここでは援助とともに
途上国の輸出を安定させる目的を持つ国際商品協定が主要議題と
して協議されました。また、新国際経済秩序を提唱する国際連合
貿易会議の主要な問題として、一次産品問題があります。一次産
品問題とは、一次産品を輸出している国々において、輸出財価格
を輸入財価格で除した交易条件が長期的に不利化していることで
す。これが正しいとすると、発展途上国は、同じ機械設備先進国
から購入するのに、毎年より多くの一次産品を輸出しなければな

らなくなります。

　途上国は外貨獲得の頼みの綱にしている一次産品価格が長期的には工業製品と比べて相対的に低下傾向にあることを指摘し、途上国は不利な立場にあると訴えました。UNCTADの特徴は、南北間の対決姿勢を浮き彫りにして、北の先進国から譲歩を引き出す場として利用されたように思えます。

　それゆえに、ここでは農業、鉱業、水産業や林業の生産物である一次産品に関する国際的な経済摩擦を考えます。多くの発展途上国は特定の一次産品に絞って生産を行い、それらを輸出しています。一次産品問題とは、途上国の輸出商品と輸入商品の交換比率が長期的に、途上国に不利化していることと、需要・供給の価格弾力性が低いために、大幅な価格の変動にさらされており不利な貿易条件にあるということを指しています。一次産品など必需品の多くは消費者にとってある程度の消費をしてしまうと、効用が飽和状態に達してしまい、需要量は容易にはふえません。他方、高級電化製品や車などは、消費者全体では容易に効用が飽和状態に達せず、需要量がふえ続けるという特徴があります。

　自国の資源は自国に開発権があり、途上国に不利な多国籍会社の活動には制限を加えるべきという発想は、石油という資源の価格決定権を産油国が握ることに成功した石油輸出国機構（Organization of the Petroleum Exporting Countries、OPEC）に負うところがおおきいのです。その後、石油以外の資源についても輸出国がカルテルを結んで、価格を支配しようとする動き、あるいは、他の一次産品価格を石油価格と連動させようとする試みなどが見られましたが、価格維持が困難になって挫折してしまいました。

石油以外の一次産品では代替製品や別の生産方法が開発され、需要を削減しやすく、石油危機による不況が先進諸国の新規投資を控えさせ、カルテルの維持を困難にしました。

6.2 世界貿易機関

1986年から開始されたウルグアイ・ラウンドにおける交渉の結果、1995年にスイスのジュネーブに世界貿易機関(WTO)が設立されました。「サービス貿易に関する一般協定」と「知的所有権の貿易関連の側面に関する協定」は、知的所有権の規定やその保護および侵害への効果的な救済措置を提供する義務を加盟国に課しています。従来の協定においては基本的に国内法が優先されていましたが、世界貿易機関の新協定においては国際条約としての側面が強化され国内法を拘束するようになりました。新協定の前文には、締結国の要求や関心に沿って環境を保護し保全すること、さらに、そのための手段を拡充することおよび持続可能な開発の目的に沿って世界の資源を最も有効な形で利用することという条項があります。すなわち、国際貿易と環境、人権および食糧問題などの調和を図ることが重視されています。従来の貿易協定が工業製品分野の関税引き下げ交渉に限定されていたのに対し、新協定では金融取引や国際投資を自由化することや、交渉を推進させるという役割をもっています。

世界貿易機関は国連の専門機関として、主に国際貿易に関する仕事をしており、その役割は諸協定に関する事項について、加盟国の共通の制度的枠組みを提供することです。具体的な任務としては、実施の促進、交渉舞台の提供、貿易紛争処理機関の運営、

貿易政策検討委員会の運営および国際通貨基金や国際復興開発銀行との協力があげられています。組織としては、閣僚会議、理事会、理事会傘下の紛争処理機関がおかれ、さらに補助機関としてサービス理事会、知的財産権理事会や各種委員会が作られています。貿易と環境委員会はこの各種委員会の中に組み込まれています。

　移行した理由として、アメリカの世界経済における相対的な地位が低下し、産業革命以来といわれる情報産業を中心とした技術革新によって先進国の産業構造が急激に変化したことがあげられます。サービス産業が経済全体に占める割合が大きくなるとともに国境をこえたサービス取引が拡大し、外国投資の拡大により会社の国境をこえた活動が盛んになったのです。さらに、複数の国に営業拠点をもつ多国籍会社の会社内取引が国際取引に占める割合が大きくなるなど、貿易と投資の問題が有機的に結びついたこともその一因です。

　このような国際経済環境の変化が国際政治力学に与えた影響は、以下のように考えられます。経済の相対的地位は低下したとはいえ、アメリカは情報産業を中心としたサービス産業とそれを支える技術力においては圧倒的優位を保っています。そのため、コンピュータや映画などのソフトを中心とした知的財産権の保護、サービス貿易の自由化および、欧州連合の市場統合の効果を弱めるための世界規模での市場の創出を、各国は必要としていました。一方、日本や欧州連合からしても、アメリカの一方的な措置の発動を規制する必要がありました。そのため、この機構の設立によって、従来の対象ではなかった、サービスおよび知的所有権をも対象とする規則の拡大と、通商規則の強化が推し進められまし

た。

　世界貿易機関は、国際金融・貿易に関する規則を加盟国が遵守しているかどうかを監視し、加盟国間で貿易紛争が生じた場合、協定の解釈にもとづく貿易に関する紛争処理機関としての機能を果たしています。さらに、世界的規模で現れている基本的人権とグローバリズムが生み出した新たな問題への対応と、これを国際貿易と資本取引の新秩序に組み込むような多角間交渉をこの機関は準備する必要にせまられています。しかしながら、全会一致の原則により規則が決められるため、国際的には最大公約数的な緩やかな規則しか批准されなくなり、新機関での国際規則は、先進国の国内基準より低い水準で成立する傾向がみられます。このことは発展途上国の環境の保護、労働基準などの人権や農業保護に関連しています。すなわち、人工ホルモンや遺伝子組換食品などの食料安全基準の問題が、先進国や途上国で一人ひとり人が生活していく上で重要になっており、新協定に沿った交渉がもはや前に進まないようになっています。

　セーフガード条項では市場が急激に撹乱されたと認定された場合、輸入国は輸出国との間で二国間協定による数量制限を行うことができます。アメリカは1976年に鉄鋼の輸入において日本および欧州共同体に、1977年から1980年ごろまでカラーテレビの輸入において韓国および台湾に、1981年から90年代まで自動車の輸入において日本に対し、輸出自主規制を要請しました。さらに1981年日米半導体協定が結ばれました。半導体は戦略的技術を必要とし、その進歩は速く、しかもその生産に規模の経済があるために摩擦の品目にされやすいのです。

　新機関では間接・直接の国際投資に関するサービス取引に力点

がおかれ、1997年中頃には多国間投資協定の交渉が開始されましたが、翌年末までに交渉は決裂しました。協定の内容に関する交渉過程での各国の思惑の違いは、国際投資自由化、国際投資の内国民待遇に関わっていました。すなわち、投資保護のための最恵国待遇と透明性、国家による外国投資家財産の収容についての補償および投資家対被投資国家の政府との紛争処理手続に関して各国の主張は異なっています。そのため新投資協定の作成が始まりましたが、開発途上国に配慮せざるをえず、投資自由化の達成が危ぶまれるとして、現在では国際経済協力機構を中心に投資協定の策定を急いでいます。

　また、関税には発展途上国からの産品に関税を免除、軽減する特恵関税制度があり、日本では1971年から実施されており、法令により適用を受けることができる国および地域、対象品目並びに関税率を定めています。これらの国の中に、中国、ブラジル、メキシコ、タイおよびマレーシアが含まれていますが、2020年頃までにはこれらの国からの農水産品と鉱工業品への特恵関税は撤廃される予定です。

　ところで、中国は2001年にWTO加盟しており、その後15年間は「非市場経済国」の地位にありました。2016年12月にその15年が経過し、中国は市場経済国に自動的に移行したと主張していますが、中国の貿易において総額で4割弱を占めている日本、アメリカおよび欧州連合は、個別に判断するとして中国を市場経済国と承認していません。承認すると中国製品への反ダンピング課税は原則できなくなります。非市場経済国であれば第三国の価格を基準に不当廉売かどうか判断できますが、承認後は、中国の国

第6章　国際貿易制度　93

内価格より輸出価格が不当に安いことを立証しなければ課税できなくなります。中国からの安い鉄鋼製品の流入で日本、アメリカおよび欧州連合の鉄鋼メーカーの業績が悪化しており、これらの国々は原則として従来の課税方式を当面の間続ける方針です。

6.3　多国籍会社と直接投資

　2つ以上の国に部分的ないしは完全に所有する子会社を持つ会社が多国籍会社です。1960年代後半から70年代に工場や会社の設立に伴う直接投資が劇的にふえましたが、アメリカ系の会社による水平型投資が中心でした。1980年代半ば多国籍会社の活動は多様化し、ヨーロッパ系や日系会社の直接投資もふえていきました。さらに、通信と輸送の技術革新、規制緩和や生産様式における変化によって、生産から販売までの「垂直型」の直接投資がふえるとともに、多国籍会社のグローバルな外部委託である「アウトソーシング」戦略が目立つようになりました。したがって、一次産品から製造、サービス産業へと投資先の産業が多様化することによって、巨大な会社内での国際貿易、すなわち会社内貿易の割合がふえていき、国際貿易や投資に関する国際ルールの策定に多国籍会社の果たす役割と影響力がましていきました。大半の対外直接投資は、資本集約的かつ技術集約的な部門に向けられており、多国籍会社を中心として、技術が先進工業諸国から途上国へと移転されています。多くの会社は、複数の国の政治権力、経済活動水準や社会的厚生に直接影響する重要な存在となっています。このような会社は、世界の投資、資本や技術、および市場への参入を管理しているので、国際経済だけでなく国際政治においても

主要な役割を演じることになっていきました。

　各国政府は国際貿易での幼稚産業保護政策と同じように、外国会社との競争力をもつまで、対内直接投資を制限しようとしています。規模の経済を会社が享受できるようにするために、大会社の国際競争力を維持しようとすると、寡占を阻止しようとする反トラストあるいは合併に関する政策を採用することが難しくなっています。たとえば、一国内で商品の販売シェアが5割を超えていても、国際的には競争が認められることにより、反トラスト法が適用されなくなってきています。雇用および技術移転の促進といった自国経済の利益最大化のため、各国は対外直接投資を管理しようとして、GATTの反ダンピング条項、行動指針およびローカル・コンテント・ルールを利用しています。

　1990年代半ばには各国は直接投資を評価するようになり、特に途上国政府は直接投資が経済発展に不可欠であると考え、投資誘致競争を行うようになりました。これによって多国籍会社は受入国政府との交渉において、税制優遇措置や貿易保護さらにローカル・コンテント等への規制に関して提案するようになっていきました。多国籍会社によって自国から資本が移転されると海外生産指向から自国の産業基盤が弱体化し、重要な技術の流出や輸出の減少が起こり、その結果として、経済の停滞とともに労働組合の交渉の立場が弱体化していきました。しかしながら、一方では海外市場へのアクセスや海外子会社への輸出を創出しています。海外での生産を指向し、会社間の提携の重要性が高まるにつれて、多国籍会社が自国の政府に租税体系や会社の雇用者の労働条件に

おいてさまざまな提案をするようになっています。

　日本では会社の吸収・合併を制限しており、株式持ち合い、経営倫理や文化規範などを含む民間ビジネスの取引構造が存在し、欧州連合や北アメリカ諸国と異なっています。これらの問題により、多国籍会社の移転価格や国家管轄権を超えた課税の規則、さらに国家の自律性や直接投資から得られる便益の配分をめぐる本国と受入国との深刻な対立があるために、国際投資協定が成立する可能性は低くなっています。さらに、国際投資協定における知的財産権保護の強化が、先進国と発展途上国の間でバイオ技術を含む技術格差の拡大を助長するとして、発展途上国の反感を買っています。

　一時、本社を法人税逃れのために租税回避地、タックスヘイブンの国に移転させる超国家(transnational)会社が続出するのではないかと危惧されていましたが、現在までにその証拠はありません。ただし、パナマ文書によれば、多くの多国籍の会社が、法人税逃れのために租税回避地を利用しています。

　ところで、親会社と子会社の間などの当事者間での取引に付された価格を「移転」価格といいます。多国籍の巨大な会社などが税負担の軽減のために、この価格を操作し、法人税率の低い国にある関連会社に利益を集中させたりします。法人とその国外関連社との取引価格は、さまざまな理由から独立した会社間の価格とは異なる価格で行われることがあります。たとえば、日本のA社が、ある商品をアメリカの販売子会社に対して独立した会社への販売価格よりも高い価格で輸出したとします。その商品の製造原価とアメリカ国内での価格が一定であれば、独立した会社への販売価

格の小売価格で輸出された場合と比較して、日本の親会社の収入はふえ、逆にアメリカの販売子会社の収入はへるので、アメリカでの法人税の支払いはへります。独立した会社への価格の算定は、比較可能な取引が存在する商品であれば比較的容易ですが、特有の商品やサービス、さらに、特許等の資産の供与の場合などはそもそも比較対象となる取引がなく、価格算定が非常に困難である場合があります。

　さらに、投資協定では、先進国の株式会社子会社、工場、事業所への直接投資、すなわち現地の会社の株式・債券・貸付金の金融資産、譲許のもとでの契約による工場経営の権利、知的財産権、全額出資する投資財産、議決権の5割を超える所有、および、取締役会の過半数を任命できる能力を保有する合弁会社への投資の補償、さらに、第三国に所在する子会社経由して所有・支配する投資財産を含んでいます。適用範囲を投資後に限定している保護協定と投資後に加えて参入段階も対象とする自由化協定の大きく2種類あり、自由化協定は、参入段階の「内国民待遇、最恵国待遇、特定措置の履行要求禁止」について例外とする分野を明示しています。

第7章　国際援助制度

　援助国政府が被援助国政府に対して巨額の資金を提供する政府開発援助（Official Development Assistance）は二国間協力の典型的な手段です。被援助国政府がODAを受け入れる誘因には、外貨の獲得、投資資金の獲得、優れた技術の吸収などがあります。いずれも自国の経済発展を目的とする点において共通していますが、先進国の政府がODAを提供する誘因は極めて多様です。国際社会での支持、エネルギーや食料の安定供給、自国会社の利権確保および国民の利他心の充足などがあります。援助の形態としては、国際機関への出資・拠出や二国間援助があり、先進国は無償資金協力・技術協力や低い金利でのプロジェクト融資、また技術協力としては、専門家派遣、研修生受け入れおよび機材供与があります。

　歴史的に振り返ってみると、浮浪者や失業者などの貧しい人々が小さな共同体の中にいることは多くの国であたりまえのことでした。寺や教会などの宗教団体が地域の貧しい人々に食物を恵むことは、日本でも西欧でも昔からみられました。それに対して社会が犠牲を払ってでも低所得者に生活保護を柱とする社会保障を行う必要があると考えるようになったのは、いわゆる近代になってからです。経済発展が進み、政府の機能が充実してくると、貧

困は個人の怠惰や不慮の要因によってのみで生じるものではなく、社会が発展する過程で構造的に生み出されるという考えが広まり、生活困窮者の救済にとどまらず、社会の不平等や格差に対して政府が税金を使って低所得者や病気の人々の生活を保障することが求められるようになりました。世界で最初に救貧法が成立したのはイギリスで、しかも産業革命が達成される以前の1601年です。

7.1　援助理念の変遷

　現在、国際的な援助機関としては、国際復興開発銀行、別称世界銀行が多国間国際援助の中心的な役割を果たしています。地域の開発銀行として、アジア開発銀行、ラテンアメリカの経済開発のための米州開発機構、ヨーロッパの移行経済諸国の経済発展のための欧州開発銀行、そしてアフリカ開発銀行があります。

　第二次世界大戦後アメリカとソビエト連邦の東西の両大国の対立がはじまり、国際経済援助はマーシャルプランにみられたように、相手国の自立を目指したものというよりは、被援助国を自由主義圏に引き込むための手段とみなされていました。豊かな先進国と貧しい発展途上国の間の所得格差が国際舞台で注目されるようになったのは1960年代以降、西欧や日本の戦後復興が終わって、東西冷戦が強く意識されるようになってからです。アジアやアフリカの新興独立国が共産圏に参加して東側の勢力が拡大しないように、これらの発展途上国の経済成長を促し共産主義思想の拡大を阻止しなければなりませんでした。西側先進諸国は、東西冷戦に勝ち抜くために途上国を積極的に支援し始めました。ところで開発途上国の貧困問題に対して先進諸国は旧植民地の宗主国

であったことから、その補償が「援助」となり、西欧諸国の援助の
配分額はそれぞれの旧植民地に多くなっています。他方、日本の
東アジア諸国への経済援助は、当初第二次世界大戦の賠償という
側面を色濃く持っていました。貧困はすでに世界的な課題になっ
ており、貧困状態と紛争との間には密接な相関関係があります。
経済援助はある意味で、先進国から途上国への所得移転によって、
最大多数の最大幸福が達成されることを目指しています。ある国
の生活保障のための社会保障は社会全体の経済厚生をどのように
変えるかを考えてみましょう。ある国に低所得者と高所得者がい
るとします。高所得者から低所得者に慈善的な所得移転を行うと、
社会全体の厚生はどうなるでしょうか。経済学ではある消費から
えられる効用という考え方を利用しています。この効用は消費量
とともに少しずつふえますが、消費量が一単位ずつふえたときに、
その効用の増分は少しずつへります。所得移転によって1杯しか
ご飯を食べられなかった低所得者がご飯の2杯目を食べることに
よる効用の増分は、税の負担のために10杯から1杯分だけへら
された高所得者の効用の低下を大きく上回ります。このことから
先進国の裕福な人々から、貧しい発展途上国の人々に所得の移転
を行えば、世界全体の経済厚生はより高くなるということが容易
に想像されます。

　全体として同じ量の食べ物を分かち合うというゼロサムではな
く、これを生産全体がふえていくポジティブサムにするにはどう
すればよいのでしょうか。トリクルダウン型発展戦略という考え
方があり、経済成長による所得の拡大を通じて貧困層を撲滅しよ
うとしています。この考え方では、経済発展に直接関連する道路、
港湾、水道や通信などの社会資本整備等のインフラプロジェクト

を重視します。このため資金は、先進国からの市場金利より低い金利での借款や、先進国の銀行からの途上国の政府への融資でした。開発計画をより効率的にするためには、マクロ経済での隘路を明らかにし、より効果ある分野への資金配分を高める必要があります。さらに、ミクロレベルでのプロジェクトの企画・実施段階の問題点を明らかにすることによって個別のプロジェクトごとに効率化を図らなければなりません。

　西欧や日本の戦後復興では、破壊されてしまった工場の設備などの資本を補えば、経済は再び成長しました。ところが、途上国の場合にはいくら資本を投入しても東南アジアのいくつかの国々を除いて、成長軌道に乗ることはなかったのです。戦争で破壊された国には、経済活動を活発にするための社会制度、技術やその訓練、政府の役割などについての知識が官僚や会社経営者に十分ではないにしてもある程度残っていました。しかし、途上国には資本以外にも経済発展を妨げる隘路が多すぎ、経済発展のために技術協力の重要性が主張されるようになりました。他方、1970年代になって成長の成果が、一部の政治家、官僚や大会社の経営者に集中し、一般国民に公平に分配されていないという批判が強まる中で、国民総生産GNPや平均所得の増大を開発の目標とする考え方に批判が強まりました。また、一人当たりの所得が低いにもかかわらず平均余命や識字などの基本指標において優れている国が注目され、成長だけでなく適切な公共政策の役割が再評価されるようになり、ベイシック・ヒューマン・ニーズの充足による貧困削減が主張されるようになりました。

　主な政府開発援助国は、欧州連合、アメリカと日本です。現在欧州連合の開発政策の最重要目的は、貧困をへらし、ミレニ

アム開発目標(MDGs)を達成することになっています。欧州連合は、開発援助の提供や貿易を通して、途上国における社会改革の支援や貧困削減を目指しています。欧州共同体自体も1957年の創設時以来援助を提供しており、欧州連合は世界の政府開発援助(ODA)の1割以上を占めています。25の加盟国による二国間援助を合わせると、欧州連合は世界のODAの半分強という膨大な資源を拠出しています。また、途上国における外国直接投資の主要な担い手であると同時に世界最大の単一市場を誇る欧州連合は、大半の途上国にとっての主要な貿易パートナーとなっています。イギリス、フランス、スペインなどの欧州諸国は、アフリカやアジアの旧植民地の宗主国であり、長年にわたりアフリカ、アジア、カリブ海および太平洋の国々と、貿易、開発、政治協力において友好的な関係にあります。

7.2 日本の援助方針

　日本の政府開発援助は、東アジアが最近でも4割を超えています。援助総額では1992年以降援助国としてのシェアが低下しています。アジアにおいて最初の先進国となった経験をいかし、援助により経済社会基盤整備や人材育成、制度構築への支援を積極的に行ってきました。その結果、東アジア諸国をはじめとする開発途上国の経済社会の発展に大きく貢献してきました。東アジア地域は日本と政治・経済・文化などあらゆる面において緊密な相互依存関係にあり、この地域の発展と安定は日本の安全と繁栄にとって重要です。日本は、これまで東アジア地域に対して、政府開発援助による社会基盤整備などを進めるとともに、経済連携の

102　第2部　国際システムの制度

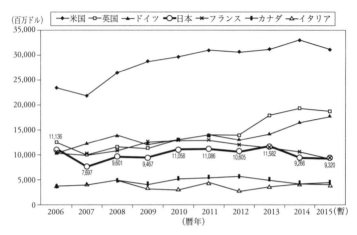

図7-1　主要国の政府開発援助

(資料：OECD/DAC)

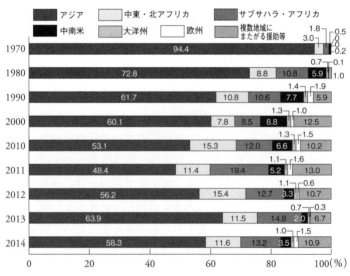

図7-2　日本の地域別政府開発援助の割合

(資料：外務省)

強化などを通じて民間投資や貿易の活性化を図るなど、援助と投資・貿易を連携させた経済協力を進めることにより、同地域の目覚ましい発展に貢献してきました。特にインドネシア、タイやマレーシアには重点的に政府開発援助が配分され、その後の日本の会社の工場など直接投資への費用をさげ、この地域の経済発展に貢献しました。

　日本の政府開発援助は自助努力支援を特徴としており、発展途上国の持続的な発展を促すために以下の援助を行っています。極度の貧困、飢餓、難民、災害などの人道的問題、教育や保健医療・福祉、農業などの分野や環境、水などの地球的規模の問題への対応。良い統治(グッド・ガバナンス)を支援するため、人づくり、法・制度構築や経済社会基盤の整備を促進し、平和、民主化、人権保障のための努力や経済社会の構造改革に向けた支援、さらに、紛争・災害や感染症など人間に対する直接的な脅威に対処するため、グローバルな視点や地域・国レベルの視点とともに、個々の人間に着目した「人間の安全保障」を重視しています。

　円借款は日本政府が発展途上国に円建てで融資する制度で、為替リスクはすべて受入国が負っています。1985年以降の急激な円高と、アジア通貨危機による東南アジア諸国の通貨の切り下がりによって、これらの諸国は多額の為替差損をこうむっています。
　円借款は一人当たりの国民所得が6,000ドル以下の国を対象とし、政府開発援助の大部分を占めています。2006年度での円借款はインドが4年連続で最も多く2,000億円近くになります。2007年半ばには、高速貨物専用鉄道の建設プロジェクトに、

2008年から5年間で4,000億円を融資し、このプロジェクトの総工費は50億ドル、約6,000億円と見積もられていました。

中国への円借款による融資額は2000年度の2,100億円をピークとして減り続け、2006年度は約600億円となり、2008年前半に新規の融資を終了しました。円借款は停止されたとしても、技術援助は継続しています。

7.3 累積債務問題と構造改革

1979年の第二次石油危機によって、ブラジルを中心とする中南米諸国の目覚ましい経済成長は挫折することになりました。1973年の第一次石油危機は産油国に集まったオイルダラーを先進諸国の銀行に還流させただけでなく、先進諸国の新規投資を控えさせたので、国際金融市場では余剰な資金であふれ、リスクの高い途上国政府への融資の道を開きました。途上国政府は民間銀行から外貨を借り受け、経済開発に投入し、対外債務を累積させながらも高い経済成長を達成しました。ところが、第二次石油危機はアメリカやイギリスの経済に物価の上昇を伴う景気後退というスタグフレーションを引き起こしました。物価安定を優先した先進国は金融引き締め政策を採用したので、石油などのエネルギー価格と金利の急上昇によって引き起こされた会社の設備投資の減退から景気が後退し、大量の失業者がでました。余剰資金は、高金利を求めてアメリカに流入したので、ドル高をもたらし、すでに累積外貨債務に苦しめられていた発展途上国は、金利の上昇によって債務返済のための新規借り入れがいっそう難しくなり、

累積債務問題(Debt Problems)に直面しました。

1982年のメキシコ政府による債務返済繰り延べ申請は、国際金融市場による途上国政府への資金の流れを急激にへらし、外貨債務の返済に支障をきたす途上国が中南米諸国を中心に続出しました。対外債務累積を伴う経済成長戦略は持続的ではないことが判明し、途上国は自国の貯蓄資金の範囲内での開発戦略に変更を余儀なくされました。国内貯蓄増加を目的にした金融の自由化、限られた資金をできるだけ有効に使うことを目的にした国営会社の民営化や規制の緩和・撤廃などを盛り込んだ「大きな政府」から「小さな政府」への移行が構造調整政策の中心となり、世界銀行やIMF、先進各国の二国間援助もその目的のための資金を用意しました。

1990年代初めのソビエト連邦の崩壊は、「大きな政府」の非効率を再確認させるだけでなく、東西冷戦の終了をも意味しました。西側陣営のアメリカには、もはや西側陣営の諸国の安全保障を確保する必要はなく、自国の安全保障だけを確保すればそれで十分となり、その目的で実施していた途上国への援助も必要ではなくなりました。途上国を先進国まで発展させることは目的ではなく、一国内の社会補償問題のように、最低生活水準、ベイシック・ヒューマン・ニーズの確保だけを目指せばよいことになります。途上国を個別に診断して発展の隘路を見つけ出し、発展の道筋を明らかにすることはもはや必要ではありません。ベイシック・ヒューマン・ニーズとは、しかるべき食料、家屋、衣料の充足、飲料水、公衆衛生および教育サービスの充足であり、その結

106 第2部 国際システムの制度

果としての働く意思と能力を持つ人の雇用となります。1976年の国際労働機関(ILO)で2000年までにこれらの目標の達成が提言されました。しかしながら、新国際秩序を主張する途上国からは、ベイシック・ヒューマン・ニーズアプローチは途上国の成長と工業化を阻害し、また先進国からの援助をへらし、新国際経済秩序の創設から目をそらせる先進国の謀略との批判があがりました。

7.4 パリクラブ

主要債権国会議・パリクラブは1956年、アルゼンチンの債務繰り延べを話し合うために債権国がパリに集まったのをきっかけに発足しました。恒久メンバーは97年に参加したロシアを含む日米欧の主要19カ国です。フランス財務省が事務局を担当し、非公式の緩やかなグループとして定着しています。対象となる債務国に対し公的債権を有している債権国が参加することは可能であり、ブラジル、南ア、クウェート、トリニダード・トバゴ、韓国等が対象の債務国によって、恒久メンバーと債務国の了解を得て随時パリクラブ会合に出席しています。この他にも、IMF、世界銀行、地域開発銀行、UNCTAD、OECDがオブザーバーとして参加しています。

1980年代に入ると、国際収支の悪化等で累積債務問題に直面したアフリカ、中南米諸国を中心に繰り延べの要請が行われ、数多くの債務国に債務の繰り延べが行われ、この頃、現在のパリクラブが形成されました。パリクラブは国際通貨基金IMFや世界

銀行のような正式な国際機関ではなく、各債権国の代表者による友好的かつゆるやかな集まりです。また、債務国への援助・経済協力それ自体ではなく、債務国の経済事情を踏まえて返済負担を軽減し、返済可能な債務繰り延べ条件を議論することを目的としています。債権国には、対外債務の支払に十分な外貨を持たない債務国から長期ではあっても公平・確実に債権を回収することができるという利点があります。他方、債務国にとっても、窮乏した財政状況で資金繰りが苦しい折対外債務を少しでも先に引き延ばし、IMF・世界銀行等の融資を使って経済の建て直しを図ることが望める利点があります。パリクラブ（主要債権国会議）では、イラクの戦後復興の焦点となっている対外債務を協議し、アメリカは復興を円滑に進めるうえで債務削減は不可欠との姿勢でしたが、日本、フランスやロシアなどは、イラクが将来的に多額の石油収入を見込めることから削減に難色を示しました。

　2013年以降パリクラブとG20は債権者と債務国からの代表者を集めて、ある政府の債務と融資に関する率直な議論の場であるパリフォーラムを開催しています。G20は、2009年初めにロンドンでサミットを開催しました。G7に参加する7カ国のアメリカ合衆国、イギリス、フランス、ドイツ、日本、イタリアとカナダに欧州連合、および新興経済国の12カ国ロシア、中華人民共和国、インド、ブラジル、メキシコ、南アフリカ、オーストラリア、韓国、インドネシア、サウジアラビア、トルコとアルゼンチンの計20カ国・地域からなるグループです。
　このパリフォーラムは、発展途上国の持続的成長に有利な国際的な金融環境を整備し、利害関係者間の緊密かつ定期的な対話を

促進しています。国際金融市場および資金の移動がますます統合され、パリクラブのメンバーでない国の二国間の公的な資金は、発展途上国や新興の資金の提供において大きな役割をはたしています。

7.5　アジアにおける途上国支援

アジア開発銀行は50年来アジアにおいて途上国支援を行ってきました。2016年現在、資本金は1,471億ドルで加盟国は67カ国で、日本とアメリカが指導的な役割を果たしています。職員数は3,000名を超えており、本部はフィリピンのマニラにあり、28カ国に現地事務所があります。高規格道路や港湾などの社会基盤の整備のための資金協力や技術協力に実績があり、近年では、気候変動対策への技術援助を行っています。

アジアインフラ投資銀行は、2015年から途上国支援を始めました。2016年現在、資本金は1,000億ドルで加盟国は57カ国で、中国が指導的な役割を果たしています。職員数は70名ほどで、本部は中国の北京にあります。途上国の社会基盤の拡充を主な支援の目的としています。

第8章　地球環境の保全

　大気汚染という環境破壊が生じるのは、大気の所有権が設定されていない人類の共有資源であるからです。したがって、空気とか水といった共有資源を利用する個々の会社は、利潤最大化の原理によって行動し、資源全体を管理する誘因が働かないので環境の汚染や破壊が生じてしまいます。

　以下では、地球環境問題を、地球温暖化対策と生物多様性の維持問題から考えます。この章の分析におけるゲームの主なプレイヤーは先進国と発展途上国です。まず、なぜ地球温暖化対策として、京都議定書において、炭素税に代わって途上国を巻き込んでの排出権取引が採用されたのかを考えます。炭素税はピグー税の一種で、経済システムに何らかの欠陥が見出されたときに、政策によってこれを是正しようとするものです。一方、排出権取引では、化石燃料と大気をできるだけ効率的に使ってCO_2をできるだけ排出しない会社が、大気を利用するべきであると考えています。いいかえると、最も効率的に資源を利用することができるものが市場で価格を払って、その利用権を購入すればよいことになります(コースの定理)。

　いままでこの本で展開されてきた議論では、人類の社会活動を維持する上において、地球の資源・環境の制約を厳密には扱って

いませんでした。しかしながら、数世紀にも及ぶ人類の社会活動の結果、人類は地球の資源を食いつぶし、自然環境を汚染して、人類自体の生命の存続自体を危ういものにしてきました。過去2世紀の間に世界の経済活動の水準は数百倍になりました。同じ期間に、人口は約8億人から2016年には、およそ73億6,000万人に達しようとしています。

地球環境を、人類を含むある独立した生命システムと想定すると、人類が存続するためには循環型のシステムにできるだけ早く移行しなければなりません。地球を1つの孤立したエネルギーシステムと捉えると、循環型のエネルギーシステムを完成させるためには、石油、石炭や天然ガスなどの化石燃料をできるだけ使わずに、主に地熱や太陽エネルギーを使わなければなりません。CO_2をほとんどださない、原子力発電に利用されるウランも広い意味では、枯渇する化石燃料です。人類は、現在、資本主義市場システムでこの資源・環境問題に対処する以外の方法をもってはいません。

あるシステム内部ではエネルギーが使われて何らかの仕事が行われても、エネルギーは、利用可能な状態から不可能な状態に変化しただけで総量は一定です。これをエネルギー不滅の法則といいます。ところで、人類にとって一度利用不可能なエネルギーになると、元の状態に戻すには仕事をするのに使ったエネルギー以上のエネルギーを必要とします。これは、利用不可能なエネルギーより元のエネルギーのほうが、エントロピーが低いからです。すべてのものは秩序だった低いエントロピーの状態から無秩序な高いエントロピーの状態に移行していきます。地球環境の問題は、

この視点に立てば、いかにしてできるだけ低いエントロピーの状態で次の世代に地球を受け継いでいくかということになります。

循環型地球システムのエネルギーの供給源は、地熱と太陽エネルギーです。地熱は、温泉や水蒸気によるタービンを利用して発電に利用されています。太陽エネルギーは水の循環の過程で、海水の波力や、水力と風力による発電によって電気エネルギーとして、また植物の葉緑素を利用した光合成によって食物自体にエネルギーを蓄積しています。

8.1 気候変動への取り組み

世界の年平均海面水温は、数年から数十年の時間スケールの海洋・大気の変動地球温暖化等の影響が重なり合って変化しており、長期的には100年当たり0.50℃の割合で上昇しています。特に1990年代後半からは長期的な傾向を上回って高温となる年が頻出しています。

2007年に国際連合の気候変動に関する政府間パネルは、1970年以降いくつかの地域で強い台風、サイクロンやハリケーンなどの熱帯性低気圧がふえているようにみえると報告書の中で指摘しました。この強い熱帯性低気圧の割合の増加には、熱帯地域の海面水温の上昇で水の蒸発がふえ、大気中に蓄えられる水蒸気がふえており、強い熱帯性低気圧は、そのエネルギーを使って発達していると考えられています。

地球温暖化は、その解決に国際協力を不可欠とする問題の典型です。地球温暖化問題とは、人間活動によって排出されるCO_2

を中心としたガスの排出によって地球全体が温室状態となり、それによって地球規模で年間平均気温が緩やかに上昇している問題です。地球規模で生じる気候の変動、水温上昇に伴う膨張による海面の上昇等により、現在の生態系および人間活動に対して深刻な影響が生じています。人間活動によって排出されるCO_2によって地球が温暖化する可能性については、すでに19世紀から指摘されており、世界的な社会問題として意識されるようになったのは1980年代からで、21世紀に入ってからCO_2が地球温暖化をもたらす効果があること自体について合意がなされるようになりました。

あらゆる人間の営みは、呼吸にはじまってCO_2の排出を伴い、

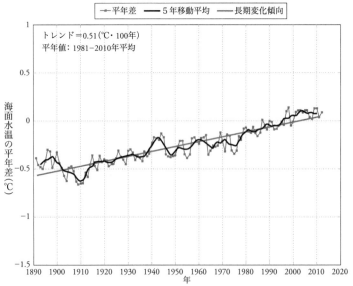

図 8-1 世界の年平均海面水温の経年変化

(気象庁)

第8章　地球環境の保全　　113

CO_2の排出の削減は必ず社会的な犠牲を伴います。CO_2排出の主な原因は石炭や石油の化石燃料を燃やすことから生じていますが、社会においても石油は自動車や火力発電所の燃料をはじめとして、あらゆる人間活動に関連しています。地球上のいかなる地域でのCO_2の排出も地球規模の影響をもたらしますので、いかなる地域で排出を削減しても地球の大気への効果は同じであり、そのことが各国への排出の削減量の割り当てを難しくします。さらに、地球温暖化によってこうむる被害の大きさが、各個人や各国に同じように生じるわけではないので、国内および国際問題としての解決をいっそう複雑にしています。

　国連の気候変動に関する政府間パネル（IPCC）は、世界が「現状維持」を続けた場合、2100年までに地球の平均気温はさらに1.4から5.8℃上昇すると予想しています。たとえ、この予想の最低値の上昇範囲にとどまったとしても、これは1万年前に終わった最後の氷河期以来の最も急速な温暖化を意味しています。また、1世紀という期間に6℃近くも気温が上昇すれば、人類、社会および自然環境に破滅的影響を与えることは容易に想像できます。地球の温暖化が進行し、未来の地球に極めて深刻な影響を与えることは、万人の憂慮するところです。温暖化の主たる原因は、温室効果ガスにあるとされていますが、この温室効果ガスの蓄積に歯止めをかけるための重要な第一歩が京都議定書でした。

　地球規模での気候変動は世界的な対策が必要です。この問題に取り組むため1980年代末から本格化した地球温暖化対策をめぐる気候変動枠組条約は、1992年に国連気候変動枠組み条約として採択され、1994年に発効しました。この条約の主な目的は地球温暖化を防止するために、大気中のCO_2の濃度を気候システ

ムにおいて人為的影響が危険な水準までに達しないよう安定化させることであり、その水準とは生態システムが気候の変動に自然に適応し、食料の生産が脅かされず、かつ持続的な経済発展を可能にすることとされました。条約の批准国は、異なる責任をもち、人類の現在および将来の世代のために気候システムを保護し、気候の変動の原因を予測することによって、その変動を防止するか、または最小限にする措置をとることが要請されています。

これに基づき1997年に締結された京都議定書は、世界的な排出量の増加を食い止める最初の具体的な対策を国際協力の下に実現しようとしていました。京都議定書は2004年のロシアの批准により2005年2月中旬に発効しました。2006年時点で、締約国189カ国で、その合計排出量は全世界の6割をこえましたが、最大の排出国で世界の排出量の約4分の1を占めるアメリカは批准しませんでした。さらに議定書の下では、合わせて2割をこえるCO_2を排出している中国やインドなどの大きな途上国は排出量削減に関して目標値が与えられていませんでした。

すべての批准国に共通する義務としては、主に情報収集や情報提供、各種施策への協力義務などがあり、先進国は、温室効果ガスの人為的な排出を抑制し、吸収源と貯蔵庫を保護・強化することによって気候変動を緩和する政策と措置をとる義務を負っています。1990年代の終わりまでに温室効果ガスの人為的な排出量を1990年レベルで安定化することを目標として掲げていますが、先進国は発展途上国がその義務を履行するために必要な資金の提供や、気候変動の悪影響を特に受けやすい発展途上国(主に島嶼諸国)がそれに適応することを資金的に支援することなどが義務とされていました。

京都会議において6種類の温室効果ガスについて、2008年から12年における年平均の排出量を、先進国全体で1990年の排出レベルの95パーセント以下まで削減すること、さらに、ほぼすべての先進国については、法的拘束力のある個別の数値削減目標が割り当てられました。この議定書の発効要件は、条約締結国のうち55カ国以上が批准すること、および批准した先進国の合計の1990年排出量が、全先進国の同年の排出量の55パーセント以上となることでした。日本は温室効果ガスの排出量を2008から2012年の間に1990年比で6パーセント削減し、長期的にはさらに大きな排出削減が必要となります。2011年に欧州連合は、2050年までに1990年比80パーセントから95パーセントを削減する低炭素経済への工程表を公表しました。

8.2 排出権取引と炭素税

以下では、京都議定書において、地球温暖化防止のためにCO_2の排出削減のために採用された国際的な対策であった排出権取引を説明します。

排出権取引は、先進国は発展途上国にCO_2の排出の制限を求めることなく、地球規模でのCO_2の排出量を現状維持にとどめようという制度で、また先進国間でも自国の排出割当量を移転することができました。排出割当量を移転することができるとすると、排出者はその排出割当量まで排出を自力で削減することのほかに、それを超えて削減を行い排出割当量の余剰分を他者に譲渡すること、または他者から排出割当量を取得することによって自らが削減する量を減らすことができました。この場合、他の排出

者よりも安価に削減を行うことができる排出者は、自らが削減を行って他者にその削減分を譲渡することによってその削減のコストを超えた利益をあげることが可能となり、他の排出者よりも削減のコストが高い排出者は、自らが削減を行うよりも他者から削減分を取得することによってその削減のコストを減少させることができます。このことによって、両者が利益を得つつ国際社会のコストを最小にすることができると考えられていました。

　クリーン開発メカニズム（CDM）は、発展途上国が持続可能な発展と気候変動枠組条約の目的を達成することを支援し、かつ先進批准国の数量目標を達成することを可能とするメカニズムとして期待されました。このCDMにおいては、先進批准国が削減目標を持っていない発展途上国において、CO_2の排出の削減プロジェクトを実施した場合、その削減分について自らの削減分として計上することができます。しかしながら、CDMはクレジット取得までの審査費用が高く、手続きも煩雑なために、大規模プロジェクトにしか適用されないと考えられ、そのためCDMの長所として考えられている先進国からの発展途上国への最先端の省エネルギー技術やノウハウの移転もそれほど順調には行われませんでした。

　炭素税とは、石炭・石油・天然ガスなどの化石燃料に炭素の含有量に応じて税をかけて、それを利用した商品の生産費を引き上げて需要を抑制し、CO_2の排出量を抑えようという政策手段です。CO_2の排出の削減に努力した会社や個人が利益を得、努力を怠った会社や個人はそれなりの負担をする仕組みです。CO_2の排出量に応じて炭素税をかけることで、化石燃料を多く使用し

た商品の価格が高くなります。消費者は、それによって環境への負荷を知ると同時に、地球温暖化防止のための費用を負担します。その結果、人々は効率のよい家電製品や燃費のよい自動車、化石燃料を使わない素材の製品を利用するようになり、さらに、自動車や電化製品の不要不急な利用を控え、ガソリン代や電気代を抑えることになります。メーカーはより省エネルギー型の機械を設置し、化石燃料を使わない原材料への転換を図り、電気の利用を控え、エネルギーの利用にかかる費用を抑えます。同時に、メーカーは効率のよい家電製品や燃費のよい自動車の開発にしのぎをけずります。ミクロ経済学の分析においては、ある商品の生産をしている会社において私的限界費用と社会的限界費用が乖離する場合には、外部不経済があることになります。図8-2において、大気汚染による外部不経済がある分だけ課税することによって効率的な均衡を回復しようとすると、生産量はY^pからY^sまで減少します。このとき、価格がどれだけ上昇するかは、需要曲線の傾きに依存します。CO_2の排出量に課税する炭素税は、ピグー税の応用になります。この場合、環境税とは自然環境を維持管理するための政策手段の一つです。

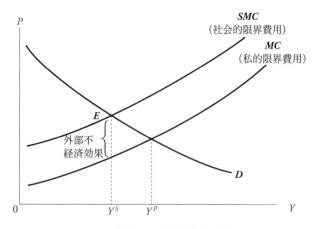

図 8-2　外部不経済と社会的費用

　炭素税が京都議定書で取り上げられなかった理由は以下のように考えられます。会社がある商品を生産するときに、社会的限界費用と私的限界費用が乖離している場合、これをどう処理するのか国際的な合意はえられていません。たとえば、製紙会社が排水の水質改善を行うためのプラントを政府の補助金を使って設置した場合、この補助金を貿易障壁の対象となるのか、他方、この水質改善プラントを会社が負担して設置すると製造コストがあがり、製品価格が上昇します。そこで、この製紙会社の代替商品である、環境に配慮しない安い外国産の製品に対し、政府が環境課徴金を課した場合にこれにどう対処するかが明確にきまっていませんでした。CO_2排出1トン当たり、数千円の炭素税を課すとすると、技術があまり進んでいない途上国の会社にとっては、経済的な負担は大きくなります。さらに相対的に原子力発電による電力生産の費用が下がることになります。先進国だけでなく途上国でも原

子力発電所の建設の誘因が高くなり、核不拡散の問題とも関連してきます。

日本や欧州連合とアメリカにおける産業の部門別エネルギーの消費割合をみると、1990年で、輸送部門がおよそ3.5割、その他の民間部門が3.5割です。同年の日本では、輸送部門がおよそ3割で、その他の民間部門が3割です。2000年にはアメリカでは、輸送部門がおよそ4割、その他の民間部門が3.5割となっています。同年の日本では、輸送部門がおよそ2.5割で、その他の民間部門が3.5割です。欧州連合では、輸送部門がおよそ3割で、その他の民間部門が4割となっています。

8.3 パリ協定

2016年11月初旬に、アメリカや中国が批准して締約国の温室効果ガスの排出量が世界全体の55パーセントを超えたために、要件が整いパリ協定が発効しました。同年5月下旬に承認された地球全体における温暖化ガス排出の割合をG20において欧州連合とサウジアラビアを除いてみてみると、中国20.09パーセント、アメリカ17.89パーセント、ロシア7.53パーセント、インド4.10パーセント、日本3.79パーセント、ドイツ2.56パーセント、ブラジル2.48パーセント、カナダ1.95パーセント、韓国1.85パーセント、メキシコ1.70パーセント、イギリス1.55パーセント、インドネシア1.49パーセント、オーストラリア1.46パーセント、南アフリカ1.46パーセント、フランス1.34パーセント、トルコ1.24パーセント、イタリア1.18パーセント、およびアルゼンチン0.89パーセントです。

2015年12月にフランス・パリで開催されていた国連気候変動枠組条約第21回締約国会議(COP21)においてパリ協定が採択され、京都議定書と同じく、法的拘束力の持つ協定として合意されました。先進国だけに温室ガスの削減義務を課した京都議定書に代わる2020年以降の枠組みです。

合意されたパリ協定は、全体目標として掲げられている「世界の平均気温上昇を2度未満に抑えること」を目標としています。今世紀後半には、世界全体で人間活動による温室効果ガス排出量を実質的にゼロにしていく方向を打ち出しました。そのために、すべての国が、排出量削減目標を作り、提出することが義務づけられ、その達成のための国内対策をとっていくことも義務づけされました。その中で、目標の形式については、各国の国情を考慮しながら、すべての国が徐々に国全体を対象とした目標に移行していくことも打ち出されています。そして、現状では不十分な取り組みを「5年ごとの目標見直し」によって改善していく仕組みを盛り込みました。その他、支援を必要とする国へ、先進国が先導しつつ、途上国も(他の途上国へ)自主的に資金を提供していくことや、気候変動(温暖化)によって、影響を受け、損失や被害を受けてしまう国々への支援をするための新しい仕組みも盛り込まれました。総じて、実質的な排出量ゼロへ向けて、世界全体の気候変動(温暖化)対策を、今後継続的に、強化し続けていく方向が明確に示されました。

しかしながら、アメリカの温室効果ガス排出削減目標の実現と、温暖化対策の国際的枠組み「パリ協定(Paris Agreement)」を履行するためにオバマ政権が制定した規制を、トランプ大統領は2017年3月末に大統領令により撤回しました。その主な内容は、石炭

第8章　地球環境の保全　　121

火力発電所に対する温室効果ガス排出量規則の見直しと、石炭採掘目的での国有地賃貸規制の緩和でした。また、アメリカは途上国の温暖化対策を促進するための「緑の機構基金」に全体の3割に当たる総額30億ドルの資金援助を表明していましたが、トランプ政権は打ち切る方針を明らかにしています。

8.4　生物多様性条約

　地球環境の保全に関して関心が高まっているのが「生物多様性」です。現在では、地球環境保全のみならず、野生生物種をバイオテクノロジーによる品種改良のための貴重な生物・遺伝資源として捉えており、これらは将来の医薬品や新商品開発に関わっています。生物多様性とは、基本的にはあらゆる生物、すなわち動物、植物および微生物と、それによって成り立っている生態系、さらに生物が過去から未来へと伝える遺伝子とを合わせた概念です。現存する種は長い地球の歴史における進化と分化の結果です。いずれにせよ、現在、環境の観点から未曾有の危機にあるといわれる地球には想像を絶する多くの生物が生息していることは事実であり、いわゆる生物多様性とは種の多様性を表すことが多いのです。生物は個々にかってに生きているわけではなく、他の生物種とともに一定の生物圏の中に組み込まれて生存競争のもとで相互依存的に生息する生態系をもっています。生態系を構成する生物種の組み合わせは無数に存在し、気候、地質など自然環境により異なっています。地球の自然環境は多様なので、それに伴って多様な生態系が存在することになります。生態系は地球上のさまざまな環境のもとで成立する生物のコミュニティでもあり、そこで

は環境への適応だけではなく他の生物との生存競争にもなっています。

1992年にブラジルのリオデジャネイロで、生物多様性に関する国際会議が開催され、ここで締結された議定書は生物多様性条約(Convention on Biological Diversity) とよばれています。この条約では生物多様性の保全、持続的利用、および遺伝資源としての生物多様性からえられる利益分配を主な問題として合意がなされました。生物多様性は世界の共有財産であり、地球上の多種多様な生物によって形づくられる生態系は、そこに生きる個々の生物の命を支えています。つまり、この豊かな生態系、すなわち「生物多様性(biodiversity)」のおかげで、自然界は人間や動植物が生きていくために必要な水、空気、気候、肥沃な土壌などの環境を提供し、食料、燃料、繊維、薬などの恵みを供給することができます。これは地球環境の主要な問題です。そして生物多様性条約を実現する手段の一つが「遺伝資源の利用から生じる利益の公正かつ衡平な配分」です。

国際連合は2001年に「ミレニアム生態系評価」を提唱しました。これは草地、森林、河川、湖沼、農地や海洋からなる地球の生態系が、人間生活や環境に与える影響と生態系の変化に対応する選択肢を総合的に評価する、地球規模での生態系の診断ともいえる国際プロジェクトです。2005年3月に発表された報告書は、人間の活動による生態系の劣化が進行し、生物種絶滅速度が増加していることを指摘しています。特に、欧州の生態系の被害は甚大で、ほ乳類や鳥類の4割、両生類の3割、は虫類や淡水魚のおよそ5割が絶滅の危機に瀕しています。生物学者たちは、このままだとかつて恐竜が消滅した時に匹敵する地球規模種の絶滅を迎

えるであろうと警告を発しています。

　生物多様性条約は「生物多様性の最大の価値は環境保全にある」とする自然環境保護グループにより提唱されたものであり、遺伝資源としての価値は生物多様性の価値そのものを高めて途上国側を納得させるための方便にすぎなかったものです。もともと資源としての生物多様性は、加工すれば確実に利益を生む鉱物資源とは異なり、長期にわたる応用研究を経てやっと価値を生むという潜在的なものに過ぎないのですが、途上国側は早期の利益を求める傾向があります。したがってバイオテクノロジーや新薬開発などは長期の応用研究が必要なので、会社側にとっては生物多様性に関わることはすなわちハイリスクとして敬遠してしまうことになってしまいます。

　アメリカは生物多様性が保有国だけに帰するものではなく人類共有の財産と主張して条約を批准せず、途上国側の対応を強く批判しています。リオ会議から10年以上経た今日でも、遺伝資源、製薬資源としての価値は未だ潜在的レベルにすぎないにもかかわらず、生物多様性を対象とした応用研究に対する途上国側の姿勢は厳しいままです。現在でも大規模な森林の伐採、消失が続いており、持続的開発の状態とはほど遠く、生物多様性の保全やその資源の持続的利用に途上国は関心がないようです。2002年4月の第6回締約国会議で採択された「遺伝資源の利用から生じる利益の公正かつ衡平な配分」に関するガイドラインは、国際ルールに基づいて他国の遺伝資源を手に入れ、利用する際の条件を定めようとしています。遺伝資源は原産国が主権的権利をもち、その生物資源の経済的価値をできるだけ市場機構を通じて利用し、その結果として、生物多様性の保全のための資金確保、原産国での

その保全の確保、原産国の地域社会における生物資源と共存した生活の維持を目指しています。

　現在、遺伝資源の所有の主権は国家が持つことが認められています。従来先進国の会社や政府が途上国の遺伝資源が豊かな地域から無料で伝統的知識や遺伝資源を持ち帰っていました。その結果、開発と商業化が先進国において行われ、製品が市場で販売されることによって、世界の人々の健康増進とともに、巨額の利益が製品開発会社にもたらされました。現在では、遺伝資源や伝統的知識は国家のものであり、アクセスが制限されるようになりました。発展途上国、とりわけ生物多様性の豊かな熱帯圏諸国は生物多様性を石油、鉱物資源などと同等の価値を生物・遺伝資源と考え、それを対象とした開発・応用でえられる利益の分配の権利を主張しています。一方、先進国側は利益の分配で譲歩する代わりに熱帯雨林の伐採などを規制し、持続的な開発(Sustainable Development)を途上国側に強く求めています。先進国の主張の背景には途上国の爆発的な人口増加が森林の急激な消失を招き、それがCO_2の増加、すなわち地球温暖化の主因になっているとの考えがあります。他方、生物・遺伝資源の豊富なブラジルなどの発展途上国は、欧州連合諸国やアメリカの製薬会社が、過去に発展途上国で採取した生物・遺伝資源から開発した医薬品で得た利益を還元しないことに不満をもっています。2007年2月インドネシアは、ウィルスへの知的財産権の承認を主張して国際保健機関への鳥インフルエンザウィルスの検体の提供を拒否しました。ワクチンの製造にはウィルスが必要ですが、アメリカなど先進国はワクチンにだけ知的財産権を認める立場を変えておらず、対立が激しくなっています。仮に、ウィルス自体に知的財産権が認め

られると、ワクチンを開発した会社は途上国に金銭的利益配分として ロイヤリティを払わなければなりません。

8.5 名古屋議定書

2010年10月に愛知県名古屋市で開催された生物多様性条約第10回締約国会議COP10において、遺伝資源の取得の機会およびその利用から生ずる利益の公正かつ衡平な配分に関する名古屋議定書が採択されました。翌年2月から1年間、署名のために開放され、91カ国及びEUが署名しました。その後、50カ国の締結を受けて、2014年10月に名古屋議定書は発効し、COP12と併せて名古屋議定書第1回締約国会議が開催され、下記の主な内容が確認されました。

1.遺伝資源と並び、遺伝資源に関連した先住民の伝統的知識も利益配分の対象とする。2.利益には金銭的利益と非金銭的利益を含み、その配分は各国が互いに合意した条件に沿って行う。3.遺伝資源の入手には、資源の提供国から事前の同意を得ることが必要であり、多国間の利益配分の仕組みを創設する。4.人間の健康に関する緊急事態に備えた病原体の入手に際しては、早急なアクセスと利益配分の実施を行う。5.必要な法的な措置により、会社や研究機関が入手した遺伝資源を不正に利用していないか、各国が監視する。

日本は、この「生物の多様性に関する条約の遺伝資源の取得の機会及びその利用から生ずる利益の公正かつ衡平な配分に関する名古屋議定書」を2017年3月末時点で批准していません。産業界は欧州連合等の主要先進国と整合性を持つ国内措置が必要である

とし、学界は学術利用においては規則の遵守措置の対象から除外するか、手続きを簡素な内容となるよう配慮すべきであるとしているからです。

8.6 熱帯林の維持・管理(市原 純)

世界の森林は、大別すると亜寒帯林、温帯林、熱帯林に分類できます。熱帯林とは、熱帯に分布する森林の総称です。熱帯林は、降水量や気温の状況によってさらなる分類ができ、熱帯雨林、熱帯モンスーン林、熱帯山地林、熱帯サバンナ林、海岸のマングローブ林などに区分できます。たとえば、熱帯雨林は、年平均気温25℃以上、年雨量が2,000mm以上で降雨が年間でほぼ平均的に分布する熱帯に成立する森林をいい、南アメリカのアマゾン川流域、アフリカのザイール川流域、東南アジアなどに分布しています。

森林は、環境面、経済面、社会面で大きな役割を果たしており、特に途上国などでは飲料水や農業用水、エネルギー源の薪炭材、狩猟採集による食料を提供するなど周辺住民の生活の糧を提供する役割もあります。森林、特に熱帯林の減少は生物多様性の減少を招き、二酸化炭素の排出ももたらすなど地球環境問題の重要な課題の一つとなっています。森林は生物多様性に富み、動物、植物など地球上に生きる種の生息地となっています。特に、熱帯林は生物多様性の宝庫で、全世界の生物種の半数以上が生息しているとされ、人の手がほとんど加えられていない天然林は、貴重な動植物の遺伝子の保護・維持に貢献し、存続の危機にある動物種の生息場所を提供しています。

また、気候変動対策上、森林が果たす役割も大きく、樹木の成長により主要な温室効果ガスの二酸化炭素が吸収される一方で、森林減少および森林劣化により森林内(地上部および地下部を含む)に蓄積された二酸化炭素が大気中に排出されます。2000年から2010年の間に、毎年約1,300万ヘクタールに及ぶ森林が減少しており、森林破壊のほとんどが開発途上国の熱帯林で起きています(FAO, 2010)。2000年代の、主に森林減少による土地利用変化に由来する二酸化炭素の排出は、年間約4.3〜5.5GtCO2と推定され(IPCC, 2014)、これは人為的な温室効果ガス排出量の約2割を占めています。したがって、途上国の熱帯林破壊を防ぐことは、大気中の温室効果ガス濃度の安定に不可欠であり、地球温暖化対策・気候変動緩和策として重要です。

さらに、森林、特に途上国の熱帯林をめぐる議論は、先住民族をはじめ、森林に依存した生活を営む地域住民の権利と生活に関する問題と不可分です。地域の食料安全保障や地元の人々の生計手段の提供などの重要な役割を果たすほか、農村部での労働機会を創出します。

国連食糧農業機関(FAO)の「世界森林資源評価2015」によると、2015年の世界の森林面積は39億9,900万ヘクタールであり、世界の陸地面積の31%を占めます(FAO, 2015)。1990年には、41億2,800万ヘクタールの森林面積が存在しましたが、これまでに南アフリカとほぼ同面積にあたる約1億2,900万ヘクタールの面積の森林が消失しています。2010年から2015年の間では、植林等による増加分を鑑みても、年平均で331万ヘクタールが減少しています。地域別にみると、アフリカと南米でそれぞれ年平

均200万ヘクタール以上減少しています。しかしながら、1990年から2000年の間は年平均0.18％であったものが、2010年から2015年期には年平均0.08％となるなど、森林減少率は半減しています。

20世紀後半以降は、熱帯林を中心に森林の減少・劣化が急速に進みました。同報告書によれば、1990年からの森林減少の大部分は熱帯林で起きています。熱帯林は、主に途上国に分布しており、2010年から2015年の間に森林面積が、アフリカと南米でそれぞれ280万ヘクタール、200万ヘクタールと大幅に減少しています。また、アジア地域では植林も行われており面積は増加していますが、インドネシアなどでは森林面積が減少しています。

世界の森林は、人口の増加、森林の農用地などへの転用、開発などによりこれまで減少してきました。熱帯林は、(先進国向けの)輸出用の商業木材輸出、違法伐採、農地（プランテーション）転換、家畜利用、住民の焼畑や薪材・薪炭利用、道路などの開発などのため伐採され減少が進みました。その背景としては、発展途上国の人口急増に伴う森林産物や農地の需要の増加、先進国の木材輸入なども要因として挙げられます。植物油脂消費増加を背景にしたアブラヤシのプランテーション拡大に伴う熱帯林伐採も進められています。熱帯林に生息する生物種は地球上の総種数の半数以上といわれていますが、森林減少などにより、多くの生物が絶滅の危機にあります。

世界の森林減少は進んでいるものの、森林の減少率は低下しています。減少率の低下は、持続可能な森林経営の推進に基づく、森林の他の土地利用への転用スピードの減少や森林面積の拡大な

どによると考えられます。より多くの国での森林管理の改善、法制度の整備進展、森林資源の計測やモニタリングおよび開発政策や開発計画への地域コミュニティの参画促進などが、森林面積減少の歯止めに重要な役割を果たしています。

　持続可能な森林経営の推進にかかる国際的な議論・取り組みも進められています。1992年の「国連環境開発会議（「地球サミット」）」で採択された「森林原則声明」は、世界のすべての森林における持続可能な経営のための原則を定めており、森林に関する初の世界的な合意となりました。また、2015年の国連サミットにて、2030年までにすべての国が取り組む「持続可能な開発のための2030アジェンダ（2030アジェンダ）」が採択されました。2030アジェンダの中心は、17目標と169ターゲットを含む「持続可能な開発目標（SDGs）」であり、持続可能な森林経営の実施促進や世界全体での新規植林や再植林の大幅な増加等も含まれています。

　加えて、気候変動との関連では、国連気候変動枠組条約（UNFCCC）にて、途上国の森林減少および劣化に由来する排出の削減等（REDD＋）の議論が進展し、基本的な枠組みとその実施のためのルールなどが決定しています。REDD＋は、途上国における森林減少・劣化の抑制や持続可能な森林経営などによって温室効果ガス排出量を削減あるいは吸収量を増大させる努力に先進国が経済的な便益やインセンティブ（資金など）を提供する仕組みです。国際的なルール作りに加え、多国間・二国間協力などによるREDD＋モデル事業や国内の実施体制・制度整備などが70カ国以上の途上国において進められているほか、NGOや民間企業によるREDD＋プロジェクトも世界各地で展開されています。

8.7 インドネシアの熱帯林の現状と保全への取り組み (市原 純)

　東西およそ5,000キロメートルにわたる約18,000の島嶼部に世界第4位の人口を抱えるインドネシアには、世界第8位の森林面積、世界第3位の熱帯林面積、アジアで最大規模の低地熱帯雨林があります。生物多様性が世界で最も高い国で、世界の陸地の1%程度の国土に世界の12%のほ乳類が存在するとされています。

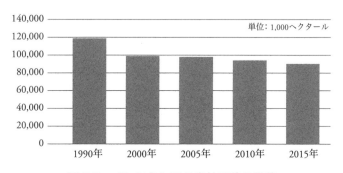

図8-3　インドネシアの森林面積の推移

(資料: FAO(2015))

　FAOの「世界森林資源評価2015」によると、2015年時点でのインドネシアの森林面積は国土の約50％にあたる9,101万ヘクタールと推計されています。インドネシアの大規模な森林開発は1970年代前半から始まり、1970年代から90年代には年間60万から120万ヘクタール程度の森林が減少したとされています。1990年から2000年の10年間で年間の森林面積が約191万ヘクタール減少し、ブラジルに次いで世界で2番目に森林面積の減少が進みました。しかし、2000年代になると、森林減少は続くも

のの、その減少スピードは下がり、2000年から2010年の年間森林減少面積は約50万ヘクタールとなりました。ただし、2010年から2015年になると、年間森林減少面積は約68万ヘクタールとなり、90年代よりは改善しているものの、再び減少率が若干増加しています。

インドネシアにおける森林減少・森林劣化の背景には、天然林の用途転換としての産業植林、プランテーション（アブラヤシなど）、農地開発などへの土地利用変化、さらに、違法伐採、資源採掘、森林火災などがあります。さらに、伐採許可制度や土地所有権制度に由来する問題、また、土地利用計画制度や地方分権化にかかる課題、なども森林減少・劣化の背景として挙げられています。

インドネシアでは、違法伐採対策の強化、森林火災の予防、劣化森林等の再生により、森林資源の保全、村落の林業制度、現場での森林管理体制の改善（森林管理ユニット）などの対策を進めています。また、森林認証制度の定着・広がりも期待されます。加えて、森林保全を促進する取り組みとして注目されるREDD＋も積極的に推進しています。背景としては、インドネシアの温室効果ガス総排出量に対する森林関連分野（泥炭地からの排出を含む）の寄与は非常に高く（2005年の総排出の約6割）、気候変動対策の実施に当たって、森林関連分野が重要な位置を占めています。インドネシアのバリで開催された2007年の第13回気候変動枠組条約締約国会議（UNFCCC-COP13）以降、国内では、REDD＋に関する規則の整備や関連した取り組みが進められてきました。2010年にはノルウェーとインドネシアが10億ドルのREDD＋支援に

合意し、大統領により省庁横断型組織の「REDD＋タスクフォース」、およびその後には、「REDD＋庁」が設置され、同組織を中心に政策枠組みや制度の構築が進められました。政策面では、2011年の5月には、天然林および泥炭地の開発に係る新規コンセッションを2年間凍結する大統領令（いわゆる「モラトリアム」）が制定・実施され、2012年には「国家REDD＋戦略」の策定などが行われました。ただし、2014年に就任した、ジョコ・ウィドド大統領により「REDD＋庁」は廃止され、新たに環境省と林業省を統合して設立された「環境林業省」が、REDD＋にかかる資金メカニズムやREDD＋実施の成果となる排出削減量の算定方法論の構築などに向け、さらなる制度整備を進めています。また、現場でのREDD＋パイロット事業が、ドナー機関やNGO、民間企業にて進められています。今後、さらなる詳細な制度構築、実施体制の強化および着実な事業実施が期待されています。

　上記に加え、生物多様性の宝庫であるインドネシアの熱帯林の保全のための多様な国際協力を進めていくことが期待されます。まず、プログラム・ローンの活用が考えられます。通常のプロジェクト・ローンでは、建物などのインフラ等のプロジェクトに借款が供与されるのとは異なり、プログラム・ローンは、途上国側の計画・方針などに基づく政策や制度改善の支援とともに財政支援を目的とする借款です。日本政府とインドネシア政府との間で、森林分野を含む気候変動対策や制度改革の推進を図る気候変動プログラム・ローンがすでに実施済みです。この協力は、国際機関や関係国などから高い関心を集めました。今後も、森林分野に係るプログラム・ローンの実施などが期待されます。次に、技術協力を進めることも重要です。国際協力機構（JICA）などによる、

森林保全のための技術協力には長年の積み重ねがあります。近年でも、インドネシアでは、REDD＋、森林火災、保全地域復旧、マングローブ保全、気候変動対策などに係る能力強化のための技術協力プロジェクトが行われています。さらに、先進国政府が政府開発援助の一部の債権を放棄して、熱帯林を保護する環境スワップ（自然保護債務スワップや債務環境スワップとも呼ばれる）を行うことが挙げられます。この方策によって、途上国政府は、財政緊縮のさなか自然環境を保全する政策を実施することが可能となります。すなわち先進国政府は、途上国政府が今後数年にわたって先進国に返済しなければならない外貨債権の一部を帳消しにし、代わりに途上国政府はその金額を熱帯雨林やマングローブの森林の保全に支出します。たとえば、この方策がインドネシアで取られると、この資金を利用して、2005年に未曾有の大地震に襲われたスマトラ島や他の島々に今なお残る自然が保全され、地球規模で温暖化を促すCO_2の大気への排出を低下させると同時に、象や虎をはじめとする多様な生物を絶滅の危機から救うことが期待されます。ドイツや米国は小規模ながらインドネシアにおいて債務環境スワップを実施しています。日本もこれらの協力を通じて、「顔の見える」国際援助の姿勢を世界に発信することができ、国際的責務も充分に果たすことができると思われます。

第3部　地域統合の動態

第 9 章　地域統合

第10章　東南アジアにおける協力の枠組み

第11章　アジア通貨危機

第12章　経済連携　（関山 健）

第13章　ワシントン・コンセンサスと
　　　　北京コンセンサス(関山健　柳田辰雄)

第9章　地域統合

　21世紀はじめ、欧州連合の域内貿易はすでに6割を超え、東アジア経済圏の域内貿易は5割を超えています。北米自由貿易協定地域では、5割を超える輸出と、およそ4割の輸入が域内貿易です。現代では旅行や多国籍会社を中心とする投資やそれに伴う生産・販売によって日々の経済活動の2割以上が国際貿易に関連しています。情報処理機器の発達による世界通信網の確立によって、ニュース、映画やゲームソフトなどの情報や技術知識の伝播はほとんど瞬時に行われるようになりました。さらに、国際航空網の確立によって、世界の主要都市の間なら1日以内に移動可能となっています。

　東アジア諸国の近年の発展は、運輸交通、情報通信などの飛躍的な科学・技術の発展、国際貿易協定のもとでの多角的な貿易の進展、産業の発展に伴う外国からの直接投資、産業の国際的な分業や多国籍会社による国際的な会社内分業などによるものです。同時に、東アジアにおける生産・物流ネットワークが形づくられました。典型的なものは、日本や東南アジアから中間財・部品が供給され、中国において最終製品に組み立てられ、欧米に輸出されるという新たな三角貿易です。日本、中国、韓国と東南アジア諸国連合・ASEANを結ぶ東アジアの域内貿易の水準は5割を超

えており、これは正規の地域貿易協定によって形成された欧州連合やNAFTA（北米自由貿易協定）と同程度の高い水準になっています。いわば、日系会社と華僑のネットワークを利用した民間の経済活動によって自由貿易地域が成立しているのです。

　以下では自由貿易地域として、欧州連合と北米自由貿易協定の地域統合の動態を紹介します。

9.1　欧州連合

　欧州連合28カ国は、2016年1月時点で、人口はおよそ5億1,000万人、国内総生産は2015年に16兆2,204億ドルで、1人当たり国内総生産は約31,800ドルで、東西統一をなしたドイツを中心に欧州連合の政治的な統一が進められています。貿易では、2005年で域内貿易が全貿易額の6割以上を占めていました。欧州連合は共通市場と一部地域で共通通貨ユーロが流通しており、欧州共同体を超えて共通外交・安全保障政策を志向する国家連合です。欧州連合の基本法のニース条約は各国の投票数や議員の数で27カ国しか想定していませんでしたが、2013年7月にクロアチアが加盟したことにより28カ国が欧州連合に加わっています。しかしながら、2016年5月にイギリスが2019年3月頃までに脱会することを国民投票で決めました。当初の加盟国は6カ国でベルギー、フランス、ドイツ、イタリア、ルクセンブルク、オランダでした。1973年に加盟したのはイギリス、デンマーク、アイルランドであり、81年にギリシャ、86年にスペインとポルトガルが加盟しました。93年に欧州連合と改称した後に、95年にオー

138　第3部　地域統合の動態

ストリア、スウェーデンとフィンランドが、2004年にポーランド、ハンガリー、チェコ、スロバキア、エストニア、ラトビア、リトアニア、キプロスとマルタが、さらに2007年にブルガリアとルーマニアが加盟して27カ国、さらにクロアチアが加盟して28カ国になりました。

　ところで、欧州議会は2016年11月末に、イスラム教徒が多く住むトルコの欧州連合への加盟交渉の中断を欧州委員会と加盟各国に求める決議を採択しました。この決議は、同年7月に起きたクーデター未遂事件以降にトルコ当局がとった弾圧的対応を強く非難して、11年続いている交渉に中断を求めたものです。

　平和的に多くの主権国家を統一するという試みは、大きな政治的実験でしたが、欧州連合はすでに世界経済において強力な存在となりました。東欧から西欧諸国への移民の急増による雇用不安により労働移動の制限が強化されつつあります。イギリスは当初から参加していませんが、共通通貨ユーロは国際的な通貨としての地位を高めています。欧州連合は、2006年末に首脳会議を開き、拡大のスピードを緩める方針を確認しています。

　欧州経済共同体が発足する前に、1948年にはベルギー、オランダおよびルクセンブルクからなるベネルクス三国によって関税同盟が結成されていました。より大きな枠組みでヨーロッパに共通の市場を創設しようとした試みは、第一次世界大戦後にケインズが提案したルール地方の石炭と鉄鋼の国際管理に端を発して、1951年に欧州石炭鉄鋼共同体の創設に合意したときからはじまります。欧州経済共同体は基本的には1957年のローマ条約を出発点としており、2017年3月末に60周年を祝っています。

　1958年に関税引き下げを開始し、1970年ごろまでにはほとん

どの品目の引き下げが実現しました。当初の加盟国は、ベルギー、オランダ、ルクセンブルク、フランス、西ドイツとイタリアで、ベルギーの首都ブリュッセルに本部がありました。この共同体は自由貿易地域として発足し、関税同盟の設立を目指しました。欧州石炭鉄鋼共同体、経済共同体および原子力共同体も同時に設立され、この三つの共同体が統合され、1967年に欧州共同体となり、68年には関税同盟に発展し、ほどなく共同体内で労働者の自由な移動が保障されるようになりました。このようにして欧州共同体は、60年代の繁栄を促進させる主要な原動力となりました。

　意思決定方式に関しては、特定過重多数決という案が加盟国の激しい反対のために放棄され、政策は各国の政府において決定されるという原則、すなわち全会一致制度が1966年に閣僚理事会で決まり、これが欧州共同体を統治する最高意思決定機関である欧州理事会での中心的な原則となっています。

　統一に向かって、経済・金融、外交・安全保障、社会政策という3つの分野での共通化が進められていきました。これらの目標に関しては、加盟国間でそれぞれ基本的な相違がありましたが、過半数の国によって受け入れられました。各分野において加盟国における政府の役割は異なっていたので、統合の過程は政治的に容易な問題から段階的により複雑な分野へと展開されていきました。1958年に発効したローマ条約は、工業製品と農産物の共同市場に関する基本的な設計図であり、工業製品に関する関税同盟を10年の移行期間を経て設立することを規定しました。その結果、加盟諸国における従来の平均的な関税率のもとで、工業製品と農産物の共同市場を創設しました。農産物においては、毎年共同体が最低支持価格を設定して、その価格で余った生産物の買い

140 第3部 地域統合の動態

手となり、他方、他の地域の生産者がこの支持価格から利益を得ないようにするために、共同体への輸入に際して外国の供給価格と支持価格との差に等しい関税を課しました。農業の圧力団体によって支持価格が共同体の供給の過剰を生み出すほど高く定められたときには、バターの山やワインの湖と表現されるほどの過剰な在庫が積み上がりました。この過剰な農産物は、最後には価格を度外視して世界市場で投げ売りされました。

　一方、工業製品における共同市場は偉大な成功をおさめました。ジョン・ウィリアムソン著「欧州経済共同体」『世界経済とマクロ理論』によれば、世界貿易が実質で年に8パーセント成長していたときに、共同体における工業製品の域内貿易はローマ条約に続く10年の間に、そのような共同市場がなかった場合に比較して、およそ5割以上も速く成長したと推計されています。

　イギリスは当初欧州経済共同体に加盟しませんでした。1960年代に2度目の加盟を申請し、ドゴール政権のフランスによって却下され、ドゴールが没した後に提出された3度目の申請でようやく承認されました。1972年イギリス、デンマークそしてアイルランドが加盟したことにより欧州共同体は拡大しました。1970年代になると、当初の加盟諸国間での域内貿易の拡大の速度は低下したものの、新加盟諸国を含めた貿易は急速に成長しました。しかしながら、その利益は1973年の石油危機に端を発する景気後退を伴う物価上昇というスタグフレーションと、さらに農業補助金に使われた共同体の予算への支払いをめぐる争いにより損なわれてしまいました。そのため欧州共同体は、当初の10年間ほどの活力を発揮することはできなくなりました。にもかかわらず、共同体への加盟を希望する国はふえ、理事会で承認され

ました。81年にはギリシャが、86年にはスペインとポルトガルが、95年にはオーストリア、スウェーデンとフィンランドが加盟し、総数は15カ国になりました。

1979年の欧州通貨制度(EMS)創設は、共通通貨ユーロへ向けた重要な契機でした。この通貨制度の目的は西欧内の通貨価値を安定させ、ドルが乱高下することから生じる域内における商品や金融サービスの取引に関わる費用の変動をできるだけ小さくすることでした。1986年に「商品やサービスはいうにおよばず生産要素の資本や労働が自由に移動できるような、すべての障壁を取り除いた」統一欧州市場を1992年までに達成するという具体的な目標をもつ欧州議定書が署名され、この後、欧州統一へ向けた動きは加速化していきました。

1990年に欧州連合に加盟している国々において、資本の移動が完全に自由化され、1992年までに統一され欧州市場が成立しました。1993年にマーストリヒト条約が発効し、共通通貨ユーロ導入の道筋が提示され、11月には欧州通貨単位、ECUのバスケットにおけるウエイトが固定化されました。1994年に欧州通貨機関が設立されると、経済政策の微調整が強化され、短期金利の変動を安定化させるために、加盟国が過剰な財政赤字の縮減に一層努力することが要請されました。1995年には共通通貨移行へのシナリオが公表され、98年には欧州中央銀行が設立されたのです。1999年に共通通貨のユーロがベルギー、フランス、ドイツ、イタリア、ルクセンブルク、オランダ、アイルランド、オーストリア、スペイン、ポルトガルとフィンランドの11カ国で導入され、2001年にはギリシャが、2007年1月にはスロベニアが加わり13カ国においてユーロが単一の法定通貨となりまし

た。

　1989年末にはベルリンの壁が崩壊し、第二次世界大戦後に東西に分断されていたドイツの統一という政治統合が達成されました。その2年後の1991年末にはオランダのマーストリヒトの欧州理事会でマーストリヒト条約が承認され、さらに、その2年後に欧州連合が誕生しました。このマーストリヒト条約は欧州連合条約といい、統一された欧州を創設しようとするドイツとフランスの発意によるものでした。この条約は、自国以外に住む欧州市民に選挙権を認めるなどの市民権の新設、欧州通貨単位の運用および共通市場の条件を整えることを目標としました。単なる為替レート水準の調整にとどまらず、固定相場制度から共通通貨ユーロを目指したものでした。そのために、共通通貨ユーロの供給を管理する欧州中央銀行を創設し、共通市場の創設を目指したのです。共通市場の創設のために、加盟国は商品やサービス、さらに労働や資本の自由な移動を妨げるさまざまな要因を取り除きました。

　マーストリヒト条約の究極の目的は、共通市場の創設を超えて、共通の外交・安全保障に関する政策をもつ欧州の連邦政治システムの創設です。通商問題など経済分野に関する事項、対外交渉権および決定権に関するものなど市民生活の広範な領域が含まれる共同体事項において、欧州委員会の主要な役割は、共通市場を作り、さらに経済的統一が達成される政策を実施することでした。しかしながら、ユーロと欧州中央銀行についての最終決定は、加盟国政府を代表する理事会に委ねられました。理事会の決定は、複雑な多数決に基づくものですが、この表決制度は問題の重要性によって変化し、ときにはより小さい加盟国の投票に不相応な比

重を容認しました。

1993年に発効したマーストリヒト条約（欧州連合条約）において、欧州連合は従来の政府間協力という枠組みを維持しつつ、共通外交・安全保障政策を導入しました。この政策は共通の価値、独立性の擁護、安全保障の強化、国際安全保障の強化、国際協力の推進、民主主義、人権と基本的自由の発展・強化を目的としています。この共通外交・安全保障政策は、あくまで政府間協力制度であり、策定・実施される政策は、「共同行動」、「共通の立場」、「宣言」、「政治対話」のいずれかの形態をとります。欧州域外への軍隊の派遣は、人道支援・救援活動、平和維持活動、危機管理における平和構築を含む戦闘任務を対象としています。マーストリヒト条約もアムステルダム条約も、欧州連合自体が常設軍隊を含む軍事力を備えることは規定していません。軍事的支援を行う場合は、北大西洋条約機構NATOもしくは西欧同盟の軍備や軍隊を利用することとなっています。

したがって、外交・安全保障政策では、主要国間で深刻な利害の対立があり進展はほとんどありません。2003年イラク戦争をめぐって、欧州連合の国々の間でアメリカ支援のイギリスとスペイン、アメリカ非難のフランスとドイツの二極に分裂したのは記憶に新しいところです。さらに、安全保障に関してドイツとフランスは欧州連合軍を創設することで合意していますが、他の加盟国は北大西洋条約機構軍の存在だけで十分であると見なしています。

労働移動に関する政策は、国内政策における移民と社会政策に関係しています。東欧および地中海に接する地方からの西欧への移民は西欧のどの国においても社会問題となっています。社会政

策という用語は福祉国家と労働組合へ向けた政策とを含んでおり、この問題では社会民主政党と保守政党との対立は大きいものがあります。イギリスの労働党政権はこの問題に対して態度を留保し、保守党と労働党ともに移民を管理する権利について最終的な見解は表明していません。社会政策は最終的な決定権は各国政府が握っており、政府間主義に依拠しているのです。2004年の東方拡大により、ポーランドなどの賃金が比較的安い国の労働者がフランス、ドイツやイギリスに移動し、雇用不安を引き起こしています。とくに、ドイツには2015年におよそ110万人の移民・難民が入国しました。ドイツの自治体では、定住者がふえるのに対処するために就学・就労支援に力を入れていましたが、2015年末にケルン市で移民系の人々による集団暴行事件がおき、世論は一気に硬化してしまいました。ちなみに、2015年3月に欧州連合はトルコと「違法な移民」を抑制する政策で合意しました。

9.2 欧州憲法

2001年に、欧州憲法の制定を目指してベルギーのラーケンに集まった欧州加盟15カ国(当時)の首脳は、既存の欧州連合の諸条約を改正する文書を起草する協議会を設けることを決定しました。この「欧州の将来に関する協議会」は、フランスのヴァレリー・ジスカールデスタン元大統領を議長とし、最初の会合を2002年2月下旬に開きました。同協議会は、加盟国と加盟予定・候補国の政府や議会、欧州議会および欧州委員会のおよそ百人の代表で構成され、地域委員会、経済社会評議会、欧州の社会的パートナー、欧州オンブズマンを代表する13人のオブザー

バーも議事進行に協力しました。2003年6月から7月にかけて16カ月に及ぶ集中的な審議を経て、協議会は「欧州のための憲法を制定する条約」の草案に合意し、これを承認しました。草案はその後、現加盟国および将来の加盟国の代表からなる政府間会議（IGC）に提出され、2004年6月には欧州連合首脳会議にて合意が実現し、加盟25カ国の首脳は10月下旬ローマにて欧州憲法制定条約に調印しました。

　ところが、2005年フランスとオランダにおいて、欧州連合憲法が国民投票で批准を拒否されました。この憲法では、民主的で市民に近い運営を掲げ、意思決定の効率化と国際的な発言力の強化を標榜しています。ニース条約において決められた憲法発効の条件は、閣僚理事会で、29票をもつフランス、ドイツ、イギリスとイタリア、最小の3票をもつマルタなど総投票数の55パーセント以上の賛成に加え、賛成国の総人口が欧州連合の65パーセントを超えることです。

9.3　ユーロ圏

　また、2007年1月現在でユーロ圏を形成しているのは、ベルギー、フランス、ドイツ、イタリア、ルクセンブルク、オランダ、アイルランド、スペイン、ポルトガル、オーストリア、フィンランド、ギリシャとスロベニアの13カ国です。エストニア、ラトビア、リトアニア、キプロスとマルタがユーロ導入を予定しており、ポーランド、ハンガリー、チェコ、ブルガリアとルーマニアはユーロ導入の義務がありますがイギリス、デンマークとスウェーデンにはその義務はありません。イギリスはいまだに共通

146　第3部　地域統合の動態

通貨ユーロを導入していません。イギリスは金融政策の放棄は重要な主権の侵害であると考えており、欧州連合が、ウィンストン・チャーチルが大戦後まもなく提唱した欧州合衆国になるのを恐れているかのようでした。

　共通通貨ユーロ圏での流通を管理する欧州中央銀行は、ユーロ圏の通貨政策の決定と実施、外国為替市場での操作、加盟国の外貨準備の保有と管理、さらに、決済制度の円滑な運営の促進を行っています。さらに、度重なるギリシャにおける銀行の債務問題から、現在、ユーロ圏において、共通の銀行システムの設立が急がれています。その対策としては、預金保険機構の整備の他に、ある銀行の債務返済が困難となったときにどのように銀行監督機関が対処するかの手続きがあります。最終的には、欧州中央銀行が、加盟諸国に補償されたユーロ建ての債券を発行して、ユーロ圏の銀行の債務の一時的な救済をはかることも検討されています。

　2009年10月に、ギリシャの政権交代により国家財政の粉飾が発覚し、その後、アイルランド、スペイン、ポルトガルに危機の連鎖が起こりました。ギリシャは、2010年5月に欧州連合等から金融支援を受けましたが、2010年時点で政府債務の国内総生産GDP比が146パーセントもあり、2015年8月に3度目の金融支援を受けました。ギリシャは、年金の削減を主な柱とする財政支出の削減や労働市場の改革により、経済の安定的な成長を目指していますが、失業率は2015年3月時点でおよそ26パーセントでした。

　ところで、社会が安定しているヨーロッパへの人々の流れは歴史的に続いています。欧州統合が進む中で「人の移動の自由」の下

に、調印国の間では移動の自由が保障されるシェンゲン協定があります。第三国の人も一旦調印国に入国を認められさえすれば、この調印国の間での移動は自由です。民族対立や戦争で生活できない人々にとって、ヨーロッパは生活したい社会です。

ドイツはEU加盟国28カ国中、難民のおよそ4割を受け入れており、2016年には年間80万人の難民申請者が見込まれています。この対策としては、難民のための登録拠点を設立し、無資格の流入者を速やかに帰国させる手続きを早急に講じる必要があります。さらに、密航業者撲滅のために、EUへの経路となっている諸国に対して援助をふやさなければなりません。

イギリスの査証基準では、必要な技能をもつ移民だけを受け入れることになっています。しかしながら、EU法により、EU市民はイギリスに居住し労働することが認められています。ある調査では、EU法が無ければ、EUからの移民の約75パーセントはイギリスで労働許可証が発行されないことになります。2004年にポーランドなどの東欧諸国がEUに加盟し、イギリスへの移民数が増加しました。当時は労働党政権であり、学校などに大きな投資がなされていましたが、2008年に顕著となった世界金融危機以降、イギリスへの移民数は増加し政治経済の状況も変わりました。

9.4　イギリスの欧州連合からの脱退

2016年6月にイギリスは国民投票を行い、欧州連合からの脱会を僅差で決めました。この結果を受けて、欧州連合への加盟の存続を主張していたキャメロン首相が辞意を表明して、7月に女

性のメイヤー首相が誕生しました。2009年12月1日に発行した欧州連合条約および欧州共同体設立条約を修正するリスボン条約に基づく脱会の通告は、2017年の3月末に行われ、2019年中に欧州連合から脱退する予定です。イギリスは東ヨーロッパからの移民を制限し、欧州司法裁判所の管轄下から離れることになります。

　欧州連合は、商品、サービスおよび労働と資本が自由に移動できる単一市場を創設を目指し、加盟国の間での貿易に関税がかからず、通関に必要な書類は簡素化されていますが、複数の言語で表示はされています。イギリスは欧州連合との自由貿易協定の締結を目指していますが、難航することが予想されます。この協定が締結されない限り、イギリスから欧州連合諸国への商品の輸出には、WTOのルールのもとでの関税がかかり、イギリスから輸出される乗用車には最大で10パーセントの関税が課される可能性があります。また、欧州委員会は2016年11月末に、EU域内で事業を展開している外国の大手銀行を対象にした規制強化案を発表しました。中間の持ち株会社などを設立して、EU域内に十分な自己資本を積ませることが主な目的で、アメリカが同年7月から導入した外国銀行規制に対抗する措置とみられています。イギリスがEUから離脱した後にはイギリスに本部を置く銀行も規制対象となる見込みです。主な規制対象は外国銀行のうち国際的な金融システムで重要とされる巨大な銀行や、EU域内の総資産規模が300億ユーロを超える銀行です。従来、連結決算で親会社が十分な自己資本を持つことで処理されてきましたが、新規制ではEU域内でも十分な資本や資金を確保しなければならなくなります。

9.5 北大西洋条約機構NATO

北大西洋条約機構NATOが、第二次世界大戦後、共産主義の
ソビエト連邦とアメリカとの冷戦が激しさをました中、イギリス
やフランスが主導する形で1949年の4月に北大西洋条約に基づ
いて創設されました。当初から、アイスランド、イタリア、オラ
ンダ、カナダ、デンマーク、ノルウェー、ベルギー、ポルトガル
およびルクセンブルクが加盟しました。機構の結成当初は、ソ連
を中心とする共産圏に対抗するための西側陣営の多国間の軍事同
盟で、同盟諸国は集団で安全を保障し、域内のいずれかの国が攻
撃された場合、共同で応戦するという集団的自衛権を発動する義
務を負っています。

占領の下でドイツは武装解除され、アメリカ、イギリス、フ
ランスおよびソ連の4カ国がドイツの治安に責任を持っていまし
た。しかし、冷戦の突発によりドイツ経済の復興が進められ、主
権回復後の1950年にアメリカ、イギリスおよびフランスに支
援されて西ドイツの再軍備が行われ、1955年11月に西ドイツ
はNATOに加盟しました。一方、このNATOに対抗するために、
ソ連を中心とする社会主義諸国は条約に基づいて、ワルシャワ条
約機構を発足させました。この結果、ヨーロッパは2つの軍事同
盟によって分断されることになりました。その後、NATOには、
1982年にスペインが加盟しました。

さらに、ソビエト連邦が崩壊した後、1999年には、チェコ、
ハンガリーおよびポーランドが加盟しており、2004年には欧州
連合に加盟が承認されると同時に、スロベニア、エストニアお
よびラトビアが加盟しました。スロバキアは、1993年にチェコ

150 第 3 部 地域統合の動態

スロバキアから分離独立し、2004年に欧州連合とNATOに加盟しました。リトアニアも同年に欧州連合とNATOへの加盟を果たしています。また、ブルガリアとルーマニアは、2004年にNATOに加盟し2007年に欧州連合に加盟しています。クロアチアは、2009年にNATOに加盟し2013年に欧州連合への加盟が承認されました。アルバニアは2009年にNATOに加盟しましたが、2017年1月現在、欧州連合への加盟は承認されていません。ところで、トルコは1952年以降NATOの加盟国ですが、欧州連合への加盟は承認されていません。

2001年9月にNATOは条約に基づいて「集団的自衛権」を発表して、イスラム教徒の軍事組織であるアルカイダからの支援を受けたタリバンを殲滅するためにアフガニスタンにイギリス軍を中心とする北大西洋機構軍を派遣しました。この戦争に、ドイツは軍隊を派遣しましたが、2013年年末までに撤退しています。

NATOは、2024年までに各国の軍事費を国内総生産GDPの2パーセントにすることを目標としています。しかしながら、2016年末に、達成しているのは加盟28カ国でアメリカを含めた5カ国にとどまり、アメリカは、加盟国にこの目標を達成するように促しています。

9.6 北米自由貿易地域 NAFTA

北米自由貿易協定調印国はアメリカ合衆国、カナダ連邦およびメキシコ合衆国です。2005年時点で、3国合計の人口およそ4億2000万人、国内総生産は13兆ドルで、1人当たりの所得はお

よそ3万ドルの経済圏でした。2010年時点では、域内の人口は、およそ4億6,000万人、国内総生産は17兆2,000億ドルで、1人当たりの所得はおよそ3万8,000ドルの経済圏となりました。そして、2017年1月時点で、アメリカ合衆国の人口は約3億2,500万人で、国内総生産は2015年約18兆ドルで、2015年の国民1人当たりの総所得は約5万6,000ドルです。国民は、人種としてはコーカソイド・白人、民族としてはアングロ・サクソン系の人々が多数を占め、宗教ではキリスト教のプロテスタントが6割、カトリックが2割です。

　移民に対してアメリカにおいては、イギリスからの独立した当時からの理念や価値観に溶け合うように求めているのに対し、カナダでは、1970年代から進めてきた「多文化主義」に基づいて、それぞれのルーツを生かし尊重しあうことを目指しています。

　カナダ連邦の政体は立憲君主制度で、イギリス連邦に属していたカナダが憲法を制定したのは1982年です。国会は二院制度で、政党は保守党と自由党があります。公用語は英語とフランス語です。2015年の国民1人当たりの総所得は約4万8,000ドルです2017年1月時点で、総人口の3,600万人のうちイギリス系が4割、フランス系が3割ですが、ケベック州では9割近くになります。国民の4割がカトリックで3割がプロテスタントです。モントリオールの大都市圏にはおよそ3,100万人の人々が暮らし、フランス語を話す最大の都市圏です。

　メキシコ合衆国には、2017年1月に約1億3,000万人が暮らしており、2015年の国民1人当たりの総所得は約9,700ドルです。大多数がカトリック教徒で、国民の6割が先住民とスペイン人との混血であるメソティーソで、先住民も2.5割ほどいます。その

他の人々はスペイン人などのヨーロッパ系の人々です。国土は北にアメリカ、南にグアテマラとベリーズと国境を接しています。メキシコは、スペインから1810年に独立し、公用語はスペイン語です。

　1994年にアメリカ、カナダおよびメキシコからなる北米自由貿易地域、NAFTAができ、アメリカの対外政策は多国間主義から地域主義重視に移行しました。少なくとも当初、アメリカは欧州連合に対する交渉力を強めるためにこの協定を調印しました。この協定はまた、カナダとメキシコ両国にとってもアメリカに対する経済政策の転機となりました。この協定の誕生の背景には、これら3カ国を取り巻く国際経済環境の変化があり、それとともに、外交政策が変化せざるを得なくなったからです。工業製品に関する貿易障壁の大半を10年間で撤廃することになり、これらの製品には自動車、自動車部品や繊維が含まれています。大半の農産物に関する障壁は15年以上かけて撤廃されることになりました。直接投資を行う会社には内国民待遇が保証され、さまざまな活動条件は撤廃されることになりました。協定はまた金融、電気通信などのサービス市場を自由化する規定も含み、紛争処理手続きと知的所有権の保護が設けられています。特徴としては、対外共通関税をもたず、労働移動の自由化と経済政策の協調を伴っておらず、重要産業分野について厳しい原産地基準があります。

　第二次世界大戦後、アメリカとカナダ二国間の経済的な関係は比較的自由な市場取引を通じてより緊密になっていました。カナダにとって商品やサービスの貿易に加えて、アメリカからの直接投資が重要になっており、したがって、1988年に成立した米加自由貿易協定はカナダが歴史的にとってきた対米経済政策の変更

を意味しました。カナダはそれまで、高い関税によって障壁をつくり、国民経済を保護してきたのですが、この関税にもかかわらず、多くのアメリカ系会社はカナダに直接投資を行い、子会社や工場を設立しました。カナダにおける直接投資の大半がアメリカからのもので、米加自動車協定の設立は自動車産業におけるアメリカとカナダの生産ネットワークをより緊密なものにしました。

その協定の主な目的は、サービス産業、情報産業、多国籍会社の自由貿易を促進し、欧州に対して圧力をかけること、そしてウルグアイ・ラウンド交渉を有利に導くことでした。したがって、米加自由貿易協定の成立は、アメリカがその交渉以外の選択肢をもつことを、第三国に対して宣言したようなものでした。すでに主要先進国の仲間になっていたカナダは、北米自由貿易協定の成立を促進させ、アメリカにおける保護主義の動きを封じ込める戦略をとり、アメリカ市場へのより容易な形での浸透を確保しようとしました。他方、アメリカとメキシコの経済は、貿易や投資を通じて密接に結びついていました。さらに、アメリカで教育を受けた経済学者や専門技術者に主導されて、1980年代、メキシコは次々と社会改革プログラムを実施しました。市場指向の改革は、ラテンアメリカ諸国における類似の改革と同様に対外債務の急増と輸入代替産業戦略の失敗からの立ち直りを目指しました。それまでの規制緩和による自由貿易や国際投資を促進させるという政府の取り組みを後戻りさせないように、この協定へのメキシコの参加は不可欠でした。アメリカの交渉への参加は、非合法なメキシコ移民の問題をはじめとする政治的な要因に強く影響されていました。不法移民か、労働集約型の工場から生産される多量の製品のどちらかを、アメリカは受け入れなくてはなりませんでした。

さらに、「原産地規則」において、繊維および自動車産業は政治的な闘争に巻き込まれました。

協定は関税同盟ではなく、共通の対外関税を設置しなかったので、そのかわりに北米市場への非加盟諸国からの製品の流入を管理する規則をつくりました。アメリカの自動車産業はメキシコに市場の開放を要求する一方で、日本や韓国製品の受け入れ先になることは望みませんでした。しかし、メキシコは自国の自動車部品産業を保護すると同時に、日本などの多国籍会社による対外投資も促進したかったので、日本と自由貿易協定を結びました。そして、カナダは、過度に制限的な原産地規則は自分たちの損失となると主張しました。協定作成のさなか、アメリカ国内では民主制度の確立していない、低賃金で開発途上と見なされている国との統合を懸念する労働組合や環境団体が激しく抵抗しました。

加盟国間の貿易・投資の大半は、NAFTAや世界貿易機関の明確かつ十分に確立された規則に従って行われています。NAFTAの委員会やワーキンググループを介して、または他の協議を通じて、その相違を解決しようとする関係者に指示します。相互に受け入れ可能な解決策が見つからない場合は、NAFTAは、特定の正式なメカニズムを提供します。労働協力に関する北米協定（NAALC）では地域の貿易相手国は、労働条件や生活水準を向上させ、保護するために、基本的な労働者の権利の行使を求めています。長年にわたり、NAALCはカナダ、米国、およびメキシコの労働条件や生活水準の向上に貢献してきており、妊娠による差別、無記名投票の投票、保護契約、および移民労働者の保護を含む主要な労働者の権利の問題に取り組んできました。特に、NAALCは、3つのすべての国で国内労働法の効果的な執行を促

進し、労使関係、労働安全衛生、雇用基準という3つの主要分野の労働問題に関する協力を促進しています。

ところで、1996年にアメリカの会社とカナダ政府との間で、投資仲裁事案が生じ、アメリカ、カナダとメキシコからなる投資協定により、カナダ政府は、アメリカの会社に対して和解金を支払いました。

9.7 アメリカにおけるトランプ政権の誕生とNAFTA

2017年1月にトランプ政権がアメリカで誕生し、NAFTAの再交渉を進めています。

1994年にNAFTAが成立し、アメリカとメキシコの関税が撤廃されたときには、アメリカのへのメキシコからの輸出額は500億ドルでしたが、2015年には3,000億ドルに拡大して、アメリカの対メキシコの貿易赤字額は約580億ドルに達しています。この主な要因は、自動車会社等が賃金や土地の安いメキシコに工場を設立して、アメリカに輸出しているからです。

たとえ、アメリカとメキシコの間の関税ゼロの貿易協定が廃止されたとしても、WTOの貿易ルールのもとでは、メキシコからのアメリカへの完成自動車への関税率は最大で2.5パーセントになると想定されています。

さらに、メキシコの通貨ペソはアメリカのドルに対して変動しており、関税がかけられれば、メキシコから輸出される完成された自動車のアメリカでの市場価格が輸入関税のために値上がりします。その結果としてアメリカでの販売額が減るようになれば、メキシコの対米貿易黒字額が緩やかにへっていき、緩やかにペソ

156　第3部　地域統合の動態

の対ドル為替レートがきり下がり、数年後には、メキシコで生産された自動車のアメリカでの価格はもとの水準に近くなるということも想定されます。

9.8　欧州連合とカナダの包括的経済貿易協定

ところで、欧州連合は、2017年初頭に、議会の承認をえて、主要7カ国の中で初めてカナダとの包括的経済貿易協定が暫定的に発行する予定です。この協定が発効すれば、貿易品目の99パーセントの関税が撤廃される予定です（2017年9月21日に暫定発効）。

この交渉においても、投資ルールに関するISDS条項が問題となりました。すなわち、外国に投資した会社が自社の製品や事業の扱いに不服がある場合には、国際的な裁判所に相手国の政府を訴えることができます。この協定においては、裁判所は常設の2審制で、裁判員は国があらかじめ選定した中から選ぶことになっています。

また、この包括的な経済貿易協定が、欧州連合と離脱後のイギリスとの貿易協定のモデルになることが示唆されます。

ちなみに、欧州連合は、日本との経済連携協定の締結のため交渉中です。

第10章 東南アジアにおける
　　　　　協力の枠組み

10.1　ASEAN 経済共同体への道のり

　2015年年末に、東南アジア諸国連合(ASEAN)に加盟する10カ国が域内の貿易自由化や市場統合などを通じた広域経済連携の枠組み「ASEAN経済共同体(AEC)」を発足させました。域内人口は欧州連合を上回る6億2,000万人で、域内総生産が2兆5,000億ドル(約300兆円)に達する巨大な経済圏です。国境の障壁が取り払われればASEANを「単一の生産基地」と位置づけ、域内で分業する動きが一段と活発になります。国際的な会社はAECの発足を見越し、労働集約的な一部の家電製品や自動車の部品の生産を、タイから賃金が割安なカンボジアやラオスに移すといった動きが広がり始めています。AEC域内ではすでに商品の取引が活発となり、2014年の域内貿易額は6,083億ドルと、10年間で2.3倍にふえました。

　社会基盤の整備の進展も物流の拡大を助けており、域外からの投資は鉄道、道路といった輸送部門を中心に行われています。製造業の拠点で巨大市場でもあるAECの潜在力は魅力的で、隣接する大国の中国も社会基盤の建設に協力する形で投資を拡大して

います。一方、早くから東南アジアの各地で生産や物流の拠点を築いてきた日本企業は一段と効率的なネットワークを整えやすくなっています。もちろん、ASEANの会社も含め競争が激しくなっています。

AECのうたい文句は「単一の市場、単一の生産基地」で、6億を超える人口を擁するだけに、巨大市場としての魅力があります。ただ、実際には乗り越えるべき課題が山積で、小売りや金融などサービス分野の自由化は今のところ掛け声だおれに終わっています。さまざまなルールの調整や労働者の移動制限の緩和なども、具体的な歩みは遅々としています。国内の雇用と産業を守りたいとの思惑から、保護主義的な規制をあらたに導入しようとしている国さえあります。統合が遅れ気味になっている根本的な原因としては、10カ国の多様性を指摘できます。1人当たり国内総生産(GDP)がアジアでトップのシンガポールから、世界でも最貧国のグループに属するミャンマーまで、経済の発展段階には大きな開きがあります。政治体制は民主主義から王制、一党独裁の国まであります。宗教や言語など社会と文化のあり方は、それぞれにユニークで、しかも複雑に入り組んでいます。統合を推し進めれば、深刻な混乱を引き起こしかねません。AECを進めるには、他の2本柱、つまり政治・安全保障と社会・文化の面での共同体づくりも欠かせませんが、外交・安全保障政策での亀裂が深まっています。1つは、南シナ海で人工島の整備を大々的に進めている中国との外交交渉をめぐって、反中、親中と中立に三極化しつつあります。もう1つは、米国が主導する環太平洋経済連携協定(TPP)をめぐって、交渉に参加した国と参加する意欲を表明した国、参加を表明していない国の3つに分かれています。もっとも、

TPPの歩みを振り返ると、シンガポールとブルネイを含む4カ国が立ち上げた枠組みにアメリカ、カナダと日本が参加を表明して、現在の形になっています。ちなみに、国際通貨基金IMFの資料によると、2014年時点でASEANの輸出および輸入とも、およそ4分の1の取引がASEAN域内で行われています。

　東南アジア諸国連合の事務局はインドネシアの首都ジャカルタにあります。1967年インドネシア、マレーシア、フィリピン、シンガポールおよびタイが、経済、社会、文化および技術分野における地域的協力を促進するため、ASEANを設立することに合意しました。これらの諸国は先進（シニア）ASEAN諸国と呼ばれ、1人当たりの国内総生産は、2013年でインドネシアが3,500ドル、フィリピンが2,800ドル弱で、タイが5,800ドル、マレーシアが10,500ドル、ブルネイが38,500ドル、最高のシンガポールが55,200ドルです。ASEANには1984年にブルネイが、1995年ベトナムが、97年にラオスとミャンマーが、そして99年にはカンボジアが加盟しました。これらの諸国は、後発（ジュニア）ASEANと呼ばれています。「多様性の中の統一」はインドネシアでよく見かける国家標語ですが、これはASEANにもそのまま当てはまります。数十万の人々が住むブルネイ、300万のシンガポールのような小国家から、東西の幅がアメリカ大陸と同じ程のインドネシアやフィリピンのような島嶼国家まで、民族、宗教、人口や領土の大きさなど比較できないほどの多様性があります。そして植民地化を免れたタイ以外は、ヨーロッパ諸国やアメリカの植民地であった時期がありました。その後の独立の過程は、独立戦争をへて独立を勝ち取ったインドネシアやベトナム、旧宗主国から平和

裏に独立したフィリピンやマレーシア、ベトナム戦争の大きな影響を受けたインドシナ三国などさまざまです。また、伝統の上に旧宗主国の影響があり、司法、行政および立法の統治制度と法体系などにも大きな影響が及んでいます。

　首脳会議は、ASEANの最高の意思決定機関です。1976年にはじめて開催され、当初は不定期の開催でしたが、2001年以降は毎年開催されています。ASEAN外相会議はバンコク宣言により設立された唯一の閣僚会議で、各閣僚級会議の首位会議と位置付けられます。議長国の外務大臣が常任委員会議長となり、憲章を含め政策ガイドラインの作成や諸活動の調整を行っています。経済閣僚会議は1975年に第一回会合を開催、1977年から制度化され、経済協力に関する調整を行い、自由貿易や投資地域評議会、紛争処理機構を担当しています。その他にも財務大臣会合や国防大臣会合など20の機能別閣僚級会合が設置されています。常任委員会は年次持ち回りで、閣僚会議の議長国の外相が議長を務め、事務総長、各国国内事務局などによって構成され、次に開催されるまでのASEANの運営を行っています。ASEAN事務局は1976年の第1回首脳会議で設置が決定され、1992年の閣僚会議で機能と責任の拡充を決定し、事務総長の閣僚級への昇格、スタッフの増員が行われました。4局、1室と2ユニットがあり、事務総長と2人の副総長が事務局を管理しています。人員は、国際スタッフ50名、ローカルスタッフ150名程度で、事務総長を除き、ASEAN加盟国国民からの自由応募によるリクルートです。業務量に比べてスタッフがたりず、事務局の機能は限定的なものです。首脳会議など各種会議で権限の拡大がはかられていますが、超国家的な機構ではありません。機能としては、首脳会議や閣僚会議

などの事務を担当するとともに、ASEAN協力の3カ年計画を準備し、首脳会議で承認を得た上で、その実施をモニターし、必要に応じて常任委員会に勧告しています。ASEANの活動の強化に応じて近年、国境を超えた犯罪など治安面での協力を担当する特別プログラム室、紛争処理を担当する部署が設置されています。

佐藤考一著『ASEANレジーム－ASEANにおける会議外交の発展と課題』によると、1961年にタイ・マラヤ連邦・フィリピンで結成された東南アジア連合と1963年にインドネシア・マラヤ連邦・フィリピンで結成されたマフィリンドの混乱を打開するために、地域協力を協議する場として、1967年半ばにタイの首都バンコクで、インドネシア、マレーシア、シンガポール、フィリピン、タイの5カ国の外交関係者によってASEANの最初の会合が開催されました。マラヤ連邦のラーマン首相が提唱した東南アジア連合は、政治・外交・安全保障などの問題を意図的に回避して、タイ、フィリピンとともに1961年に成立しました。しかしながら、マラヤ連邦がボルネオ島のイギリス領サバやサラワクを含めてマレーシア連邦として独立しようとし、フィリピンとインドネシアの反対にあいました。

山影進著「相互不信の克服」『ASEANパワーアジア太平洋の中核へ』によれば、フィリピンの主張の根拠は、「東南アジアの植民地分割が完成する以前の国際関係」でした。したがって、その主張は「植民地継承という国家秩序の維持に対する挑戦」でした。さらに、インドネシアがフィリピンとマラヤ連邦の領土紛争に巻き込まれたのは、マレーシア連邦案に関して、ブルネイで起きた反乱がボルネオ北部地方の独立をスローガンとしていたからでした。インドネシア政府はこの反乱によって、マレーシア連邦に向けて

の非植民地化が民族自決原則に反するものであることを認識するようになりました。こうした状況を打開するために、フィリピンはマレー系の3カ国の大連合を構想してマフィリンドを打ち出しました。

1963年にマレーシア連邦が成立すると同時に、インドネシアとフィリピンとの国交が断絶しました。マレーシアは、断交した両国との仲介をタイに依頼しました。また1965年にフィリピンのマルコス大統領は、マレーシアとの和解に努力し、さらにインドネシアとマレーシアの和解にも尽力しました。インドネシアも同年スカルノからスハルトへの政権移行によって和解を模索し、翌年に両国は合意に達しました。この調停に携わったのが、後にASEAN設立のバンコク宣言に署名した原加盟5カ国の外相です。1968年にイギリス軍がマレーシアやシンガポールから撤退し、翌年にはアメリカがベトナムにおける派遣地上軍を削減しました。中国やソビエトのアジアへの積極的な外交によって安全保障への関心が高まり、アメリカを含む3大国とインドシナ諸国への対応をめぐって東南アジアの中立化が構想されたのです。そして、1971年の特別外相会議の『東南アジア平和・自由・中立地帯宣言』において、ASEAN諸国は初めて共通の外交政策を打ち出したのでした。

経済協力に関しては、1972年の国連の提言をもとに域内の経済協力を促すため、輸入代替による重化学工業化が検討され、1976年に大規模なプロジェクトを開始しました。域内特恵関税によって製品を流通させようとする共同工業プロジェクトや、単一の工業製品の主要部品を各国が分担して生産・組み立て、域内で流通させようとする産業補完協定も承認されました。さらに加

盟国の資本保有が5割を超える合弁事業には優遇関税を適用しようとしましたが、これらのうち、特恵関税は加盟国間の同意がえられないために少数の関税項目にしか適用されませんでした。外資を制限して域内市場の相互依存性を高めようとした協定も、結局国益の調整がつかず、最終的には協力が進展しませんでした。

　1975年にベトナム戦争が終結すると、翌年アメリカによる安全保障から脱却しようとして、第一回首脳会議が開催され、ASEANの自助と域内協力が模索されました。域内の貿易自由化による貿易圏の設立を目指し、紛争の平和的な解決のために東南アジア友好協力条約が締結されました。この首脳会議の結果、内政の不干渉や紛争の平和的な解決を宣言する東南アジア友好協力条約が締結され、ASEAN事務局をインドネシアの首都ジャカルタに設置することが決まりました。その後、1978年にベトナムがカンボジアに進攻したのをきっかけとして、翌年中国がベトナムに侵攻し、中越戦争が起きました。これらの戦争から生じたインドシナ難民の問題に東南アジア諸国は一致して対応し、1982年には反ベトナム三派連合による民主カンボジア連合政府設立を支援しました。これにより同政府の国連代表権の承認に大きく貢献し、1989年のベトナムの一方的な撤退と1991年のパリ和平合意へとつながる大きな外交的な成果をあげました。

　1980年代後半になるとASEAN域内諸国は、これまでの輸入代替工業化から、外資を導入して、輸出を振興する政策に転換しました。その背景には域内諸国の経済不況、欧米での地域主義進展への懸念、対中国への直接投資の急増への対応がありました。1987年に第3回首脳会議が開催されると、特恵関税への対象品目数の拡大、優遇関税対象品目に関する原産地規制を5割から3

割5分への引き下げ、対象会社の外資比率の5割から6割への引き上げなどが合意されました。また、翌年には加盟国間の自動車部品の相互補完に優遇関税を適用する、ブランド別自動車部品相互補完流通計画が導入されました。

1992年の第4回首脳会議で、各国首脳は2008年までに段階的に関税率をゼロから5パーセントに引き下げることを決定しました。このような流れの中で、1994年に開催されたAPEC首脳会議において、インドネシアの主導のもとで先進国が2010年までに、後発国が2020年までに、自由で開かれた貿易と投資を目的とするボゴール宣言が採択されています。そして1995年の第5回首脳会議において自由貿易圏の実現を2003年に前倒しすることを決定し、サービスや知的所有権の協力に関する枠組み協定や紛争処理機構の設置に各国首脳は合意しました。さらに、地域内の紛争におけるASEANの役割が模索されたのです。拡大外相会議の経験にもとづいて、南シナ海の領有権に関する中国の脅威に対応し、アジア太平洋地域での安全保障での信頼を醸成するために、1994年ASEAN地域フォーラムが創設されました。その翌年に、ベトナムが、その次の年にラオス、ミャンマーが1999年にカンボジアがASEANに加盟しています。

開発独裁とよばれる権威主義的な政治体制が、経済発展の実現によって正当化されなくなり、政治的な民主化のうねりが強まりました。インドネシア政府を32年間の長きにわたり率いてきたスハルト政権が崩壊し、地域の指導的な国の影響力が低下しました。危機に直面してASEANは地域の協力機構として大きな役割を果たすことができませんでした。そこで2003年の第7回首脳会議では、安全保障、経済、社会・文化の3つの共同体形成を通

じてASEAN共同体の設立を目指すことになりました。翌年の第10回首脳会議では、安全保障共同体に関しては、ASEAN憲章の起草準備作業に着手すること、経済共同体に関しては、これまでのさまざまなイニシアティブを実現することを確認するとともに、産業を選別して自由化を促進することになりました。さらに紛争解決メカニズムの機能を強化し、開発基金を設置することが決まりました。

10.2 政治的な安定を目指すタイ

　タイは立憲君主制で、国教を仏教と定めています。現在の国名 Prathet Thai prathetは「国家」、thaiは「自由な」を意味しており、英語の正式国名はThe Kingdom of Thailandです。人口は、1910年にはおよそ800万人でしたが、およそ一世紀後の2013年には約6,700万人になっており、首都バンコクにおよそ1割の人々が住んでいます。タイの国会は二院制度で、500議席からなる人民代表院と200議席からなる枢密院があります。

　1927年の世界大恐慌は、タイにも深刻な打撃をあたえ、1932年に欧州に留学した一部軍人によりクーデターが起き、絶対君主制度から立憲君主制度へと移行しました。当時の国王ラーマ7世は国内の混乱を避けるため外国へ亡命し、ラーマ8世が即位しましたが、事故のため急逝したので、弟のプーミポン・アトゥンヤデート殿下が9世王として即位して現在に至っています（2016年10月に逝去）。名君の誉れがたかく、2016年に即位70年を迎えました。タイは独自の民主政治を模索しており、軍部によるクーデターも現在に至るまで何度も繰り返されています。民主的な選挙

166　第3部　地域統合の動態

が行われた1992年までのタイにおいて、立憲君主制度は形式上だけであり、実質的に軍政でした。軍部は「タイ式民主主義」の実現を目指し、僧侶は仏教の普及という社会活動を通じて国家建設に貢献するという考え方でした。その結果、政治に直接に関係ない福祉活動に専念する国王と僧侶は国民から信頼を得、社会主義国家が樹立されることを阻止しました。

　1997年には民主的な内容を盛り込んだ憲法改定が行われ、旧ソビエト連邦の崩壊やベトナムのASEAN加盟が共産主義の脅威を払拭し、軍の役割は明らかに低下したと思われました。タイは、従来国王を頂点として、軍人、官僚、財閥の経営者およびバンコクの知識層が社会の支配層を形成していました。しかしながら、2006年9月中旬には選挙で選ばれた華僑系のタクシン首相がクーデターによって国を追われました。

　この政変の指導者は、イスラム教徒のソンティ陸軍司令官であり、10月初めには元陸軍司令官のスラユット枢密院議員が首相に就任し、この新政権は新たなる憲法を1年以内に公布すると宣言しました。

　2011年7月に行われた総選挙の結果、タクシン元首相の実妹であるインラック氏を比例第1位に推したタイ貢献党が、民主党を圧倒して第1党となりました。この政党の支持者は、農民、労働者および新興の会社の経営者です。同年8月の、プーミポン国王への宣誓を経て、タイ貢献党他5党連立のインラック氏を首相とする政権が成立しました。しかしながら、2014年5月、憲法裁判所がインラック政権下で行われた国家安全保障会議事務局長の人事問題について、インラック氏および閣僚が憲法に違反して不当介入したと認定し、インラック首相は失職しました。憲法裁

判所が下院総選挙無効の判決を下したことで政治混乱が収まらない中でクーデターがおき、首相在任中にコメ買い上げ制度をめぐり、国に多額の損失を与えたとして暫定議会で弾劾が可決され、インラック氏の公民権が5年間停止されました。タイでは、新憲法の発布を経て2017年にも総選挙を実施し民政に移行し、政治の安定を図る予定です。

プーミポン国王は、70周年の在位を国民に祝われた後、2016年の10月中旬に逝去されました。タイは、政治的な対立を和らげる仲裁者であった国民から慕われていた国王を失いました。同年12月初めにワチラロンコン国王が誕生しました。

国王が新憲法案を承認すると2017年末までに総選挙が実施され民政に復帰することが期待されています。

10.3　ASEANの大国インドネシア

インドネシア共和国では1997年の通貨危機に端を発した経済危機により、32年にもおよぶアジア的専制度であったスハルト政権が倒れ、民主共和制度の下で社会・経済開発を急いでいます。人口は2013年現在およそ2億500万人、1人当たりの名目国内所得GDPはおよそ3,500ドルで、多くの人々はイスラム教徒です。この国は多民族国家であり、言語や宗教をはじめとして、文化的にも多様です。1954年にスカルノは国家を1つにまとめるため建国五原則を発表しました。これらは、唯一神への信仰、人道主義、インドネシアの統一、民主主義とインドネシア全国民の社会正義です。さらに1950年にはナショナリズム、宗教、共産主義という内容を含んでいましたが、9月30日事件を契機にインドネ

168　第3部　地域統合の動態

シアは反共産主義国家となり、共産主義を否定しました。その後、原則の表現は変化しましたが、基本的な内容は21世紀の今日においても維持されています。現在、大統領は国民の直接選挙で選ばれており、任期は5年です。議会は二院制度の国民協議会です。下院の国民代表院と上院である地方代表院で構成されており、2001年と翌年の憲法改正により、国民協議会は大統領選任権を国民に譲渡し、大統領と副大統領の直接選挙制度を導入しました。国民協議会を構成する国民代表院の議員がすべて選挙で選ばれるようになり、また、各州の直接選挙によって選ばれる議員で構成される地方代表院が新設されました。オランダの植民地支配は1942年に日本軍が侵攻することによって崩壊し、代わって日本が占領することになりました。日本は独立派の指導者たちを獄中から解放し、防衛義勇軍を組織しました。第二次世界大戦で日本が降伏すると、スカルノが率いる独立派は独立宣言を出し、この独立宣言を黙殺したオランダと戦争になり、一部の日本軍人もこの独立戦争に参加しました。1949年末にオランダは正式にインドネシアの独立を承認しました。この戦争に参加した日本人は1,000人にものぼり、その多くが命を亡くしました。1958年にスカルノ大統領が日本を訪問したおりに、「独立は一民族のものならず、全人類のものなり」と記した石碑を建立したことが、『インドネシアはいま』に記されています。

　スカルノ政権は共産党と国軍に支援されていたのですが、1965年9月30日に、共産党の指揮の元に、大統領の親衛隊を中心とする軍人によるクーデターが起こりましたが、陸軍のスハルト少将によって鎮圧されました。しかしながら、それまで抑えられてきていたイスラム勢力の不満が一挙に爆発して、反共産党、

反華僑の暴動が国内の各地で頻発して、犠牲者が100万人近くでたのではないかといわれています。この後、共産党を支持していたスカルノ大統領は急速に人心を失い、失脚して、1968年にはスハルトが大統領に就任しました。

インドネシアは中国との経済領海で係争の問題を抱えています。ナトゥナ諸島はカリマンタン島の北西に位置し、リアウ諸島州に属し、最大の島は北部にある大ナトゥナ島です。インドネシアが設定している排他的経済水域は、中国が管轄権を主張する九段線と一部重複しており、係争海域となっています。2010年と2013年にナトゥナ諸島近海で中国漁船がインドネシアに拿捕されたため、中国は武装した艦船を派遣して漁船を奪還しました。インドネシア側は、領有権問題は存在しないとしつつも空軍施設の強化を計画するなど警戒を強めています。

国際連合が採択した海洋法においては、排他的経済水域において、人工島などの施設の建設や海域の保全の観点から環境を破壊する恐れのある行為および海洋の科学的調査の実施に対して沿岸国は排他的な「許認可権」を有しており、沿岸国へ事前の申請を必要としています。

10.4　社会の安定を目指すフィリピン

フィリピンは東南アジアに位置する共和制国家で、国名は16世紀のスペイン皇太子フェリペにちなんでいます。島国であり、フィリピン海を挟んで日本と、ルソン海峡を挟んで台湾、スールー海を挟んでマレーシア、セレベス海を挟んでインドネシア、南シナ海を挟んでベトナムと対峙しており、フィリピンの東に

フィリピン海、西に南シナ海、南にはセレベス海が広がっています。フィリピンにおける2015年の国勢調査によると、人口は約1億100万人で、1人当たりのGDPは、およそ2,900ドルでした。首都のマニラに、およそ1,300万人が住んでいます。人口の多さゆえに消費市場としてはASEANのなかでインドネシアに次ぐ水準に達しています。経済を需要から牽引しているのはGDPの8割を占める個人消費であり、それを支えているのが在外フィリピン人労働者からの送金です。2010年に就任したアキノ大統領は、汚職の撲滅や財政健全化などの公約を実行に移し、国民の高い支持をえつつ安定した物価や財政を達成しました。最近のインフレ率は中銀の4パーセント前後の目標値に収まっています。財政赤字・公的債務残高の対GDP比率は近隣諸国に比べて低く、財政規律も保たれています。 国際収支における経常収支は黒字ですが、収支構造が近隣諸国とは異なり、貿易赤字をサービス収支や所得収支の黒字で賄っています。サービス収支を黒字にしているはソフトサービス業による収入であり、所得収支を黒字にしているのは 移民労働者からの母国フィリピンへの送金です。しかしながら、所得格差が大きく、その縮小の糸口もつかめない状況です。また、近隣諸国に比べて、海外からの製造業への直接投資流入が少ないため、雇用を生み出すのが不十分で失業率が高く、それが原因で1,000万人もの労働者が海外で働いています。直接投資が少ない理由は、政治が不安定で治安が悪いことが日本企業をはじめとする外国投資家の間で定着してしまったためです。一方、フィリピンはASEAN第2位の人口と国民の英語能力の高さという強みがあり、国際的な会社が投資する魅力を備えた国でもあります。ベニグノ・アキノは大統領に就任して以来、汚職や腐敗の

撲滅に尽力し、さらに、南部のミンダナオ島においてイスラム教徒との和平及び治安の強化も政権の重要政策として掲げ、2014年にモロ・イスラム解放戦線と包括和平合意に至りました。この合意により、2016年の6月までにミンダナオ島にイスラム教徒による自治政府が設立される予定でした。

　安全保障に関して、1991年に火山の噴火によって基地が被災し、フィリピンとアメリカの基地協定は期限が延長されず、アメリカ軍の撤退が決定しました。アメリカ軍は、まずクラーク空軍基地から撤収を始め、1992年にスービック海軍基地からも撤収し、フィリピンにおけるアメリカの軍事的な影響は著しく減少しました。ところが、この撤収の直後から南シナ海で中国と東南アジア各国が領有を主張する南沙諸島(スプラトリー諸島)において、中国軍の活動が活発化し、1995年にフィリピンが領有権を主張する環礁(ミスチーフ礁)を占領して建造物を構築しました。また、アメリカ政権内でも中国脅威論を唱えられ始め、1998年に「訪問アメリカ軍に関する地位協定」が締結され、翌年に共同軍事演習が再開されました。2001年にアメリカ同時多発テロ事件が発生すると、同年1月に就任したグロリア・アロヨ大統領は、首都マニラの北西およそ60キロにあるクラーク空軍基地と、ルソン島の中西部にあり、南シナ海に面したスービック海軍基地の再使用を承認し、アメリカの対テロ戦争に協力しました。さらに、2000年半ばからマニラなどで頻発していた爆弾テロをイスラム原理主義過激派「アブ・サヤフ」による犯行とみていたアロヨ大統領は、軍による掃討作戦を行いましたが、アメリカ軍も参加して陸軍特殊部隊がミンダナオ島で軍事活動を行っています。

　2014年には、中国の海洋進出に備えるために、フィリピンは

アメリカとの「拡大防衛協力協定」を結び、この協定により、アメリカ軍はフィリピン軍の基地を共同で利用できるようになりました。両軍は大規模な共同軍事演習を毎年開催しています。2016年3月には、南シナ海の南沙(英語名スプラトリー)諸島に近いパラワン島の空軍基地など5カ所を利用することで両国が合意し、同年4月からアメリカ軍は、ルソン島のクラーク基地に攻撃機の一時的な配備を始めました。フィリピンはまた、ルソン島から西方200キロにあるスカボロー礁においても、中国との紛争を抱えています。この礁は、フィリピンの排他的経済水域にありますが、中国が埋め立てにより実行支配を強行する可能性が出てきています。

2016年10月下旬に、フィリピンのドゥテルテ大統領は中国を訪問し、中国からの総額90億ドルに上る経済資金協力を取り付け、南シナ海の領海問題を棚上げすることに同意しました。

ところで、フィリピン政府と共産党(CPP)は2016年8月26日、ノルウェーのオスロで開いた和平協議で、無期限の停戦に合意しました。共産党の軍事組織でゲリラ戦を得意とする新人民軍(NPA)と、政府は約半世紀にわたって衝突を繰り返してきましたが、恒久和平実現に向けて双方が一歩を踏み出しました。ドゥテルテ大統領は同年7月25日の施政方針演説で、新人民軍に対する即時停戦を一方的に宣言しましたが、末端にまで周知徹底されず政府系民兵が襲撃されるなどしたため、5日後の7月30日に停戦は破棄されていました。治安安定を最優先政策に掲げるドゥテルテ政権は、新人民軍などの反政府勢力との和平を模索し、共産党とフィリピン政府は8月下旬から5年ぶりとなる和平協議を再

開し、新人民軍が1週間の停戦を宣言するなど信頼醸成に向けた
取り組みが続けられています。

第11章　アジア通貨危機

11.1　危機の様相

　1997年年頭、当時の江沢民・中国国家主席は国民向けメッセージで、「香港回収によって、中国は百年の屈辱を晴らす」との思いを吐露しました。そして、1997年7月1日に香港はイギリスから中国返還されましたが、通貨危機は7月に起こり、周辺の国々の通貨を巻き添えにしていきました。通貨危機に際して、アメリカの姿勢は1994年に発生したメキシコの通貨危機のときとは異なって、危機を沈静化するよりも悪化させる発言が目立ちました。また、アメリカの影響を受けた国際通貨基金も危機の衝撃を軽くするというよりも、この機に乗じて、長年続いた開発独裁政権の交代や、さまざまな規制の撤廃を要求したので、通貨価値を守るためには地域で自衛する他はないと、東アジア諸国に実感させたのです。

　1997年にタイから始まってマレーシア、インドネシアおよび韓国に波及したアジア金融危機は、世界経済に深刻な傷跡を残し、それまでの国際金融システムの維持管理体制に大きな疑念が抱かれるようになっていきました。金融恐慌の巨大な波がタイ、マレーシア、インドネシアのような東南アジアの諸国に打撃を与え

たとき、国際的な投資家が融資資金を回収し、この地域で投資された資本を外国へ持ちだすことによって、東アジアにおいて、より危険な投資資金と見なされた資金は加速的に回収されるようになっていきました。

1990年代前半には東アジア地域への資本の流入量は、日本からの流入によって、毎年大幅にふえていました。この傾向は突然逆転し、1996年には93億ドル流入であったのが、97年にはアジア5カ国で、民間資本の流出は121億ドルにものぼりました。最も激しい低下は商業銀行からの流入でした。銀行からの借り入れは、1996年の555億ドルの流入から、1997年にはアジア5カ国で213億ドルの純流出に転じました。資本は1997年9月まで流入しましたが、それ以降急速に流出しました。先進国の銀行からの借り入れは、1997年1月から9月の間に131億ドルの純流入であったのが、1997年10月から11月の間に88億ドルの流出に転じたのでした。

この資本流入の突然の逆転には日本の資産バブル崩壊とその余波が関連しています。1990年から翌年にかけて、日本では株式および土地の資産価格が崩壊したために、日本の主要な銀行は、大規模な不良債権を抱えこむこととなりました。混乱し動揺した日本政府は1996年10月に金融制度を自由化するビッグバンアプローチを採用し、この改革は1997年の春以前にほとんど完了しました。商業銀行を含む大会社の財務状況を監査するために、金融派生商品を含む監査業務に関して統一の見解が発表されました。1997年の後半には、日本の金融システムは保険会社の破産、山一證券を含むいくつかの証券会社の倒産など重大な混乱に直面していました。日本の銀行は、東南アジアの危機において、倒産の

危機に脅かされたため、短期債の借り換えを拒絶し、アジア諸国から満期になった負債を回収し始めたのでした。

市場に対する外国人投資家の気分がうつろい、衰えたことによる激しい短期資本の流出によって、タイ、マレーシア、インドネシアおよび韓国は外貨債務の支払い不能に直面しました。タイ・バーツは大量に売られ、中央銀行はバーツの対ドルレートを維持するために、ドル売りバーツ買いを行いましたが、1997年7月に遂にバーツを変動制度に移行させました、この移行によりバーツは、1ドル25バーツから98年1月には53バーツまでその価値が半減しました。しかしながら、月末におけるバーツ取引に関する内外の二重相場制度の廃止や、その後の政権の信頼向上とともに、バーツ相場は徐々に切りあがり、2007年初めでは1ドル33バーツ前後で推移し、2013年4月では1ドル29バーツまで切り上がりました。

タイにおいて、危機前にすでに近隣諸国に比べて労賃が上り、繊維、雑貨など労働集約的産業の国際競争力が落ちて輸出も停滞していました。それにもかかわらずアメリカドルにリンクされたバーツが実力以上に高めに切りあがっていました。ウルグアイ・ラウンド以来の国際化、自由化をタイは積極的に進めた結果、大量の外貨が流れ込み、それが過剰な生産設備や不動産投資にも向けられ、資産バブルを発生させていました。

タイはすでに1984年に固定相場制度から「通貨バスケット方式」に移行していましたが、アメリカドル、日本円やドイツマルクといった主要通貨の加重平均にバーツのレートが連動するというバスケット方式で、ドルに85パーセントの比重を置いていました。危機前の数年間、円はさがり気味になっていたにもかかわらず、

ドルは切り上がっていたために、バーツが適正な価格よりも高く評価されているという危惧が生まれていました。1996年になると、さまざまな業界からバーツの切りさげ要求が日増しに強くなりました。ちなみに、タイの貿易額に占める対アメリカ貿易比率は1995年で、およそ15パーセントで対日のそれはおよそ25パーセントでした。タイ政府は、7月早々に管理フロート相場制度へ転換し、中央銀行の貸し出し金利の引き上げを実施するとともに、積極的に為替市場への介入を行いました。さらに、日本をはじめとする近隣諸国の政府、金融機関に資金枠設定の支援を要請し、8月21日には国際通貨基金IMFが公的支援を決定しました。

インドネシアでは民間銀行の資産は1998年の中頃の400兆ルピアから1年後99年中頃には180兆ルピアにおよそ半減しており、さらに同時期に貸出金額は250兆ルピアから100兆ルピアに激減しています。このことから当時の金融危機の深刻さが窺われます。貸出金額が順調に伸びなければ、銀行経営は躓き、経済は安定的には成長できません。かくして、1998年5月にジャカルタを中心に暴動が起こり、中華街において華僑の商店や家屋が暴徒に襲われました。特に、ジャカルタにおける被害は深刻で、中華街をはじめとして市内あちこちの華僑系の商業ビルや住宅が、放火や打ちこわしの標的となり、略奪などが発生し、多くの死傷者が出ました。この事件の後、海外へ脱出した華僑の人たちも多く、数年たっても中華街では真っ黒に焼け焦げ、ガラス窓が割られた建物やシャッターが固く閉ざされたままの商店が無残な姿をさらしていました。

加納啓良著『インドネシア繚乱』は当時の状況を以下のように伝えています。

178　第3部　地域統合の動態

「米価は日々高騰し、庶民の家計を圧迫した、1日3度の食事を2度にしたという屋台の商人もいれば、米の代わりに毒性のあるシンコンイモを食べて命を落とした」人々がいた。「通貨危機の波及」に続く「ジャカルタ暴動」では、スハルトが退陣した1988年5月には「ジャカルタと中ジャワのソロ市で、大がかりな暴動が勃発した。ジャカルタでは華人の多い北部の商業地区コタとその周辺地域で、多くの商店やデパートなどがその後数日間にわたって放火や奪い合い、多数の華人女性が暴行を受けた。数ヵ月後の当局発表では、この暴動による死者の合計は1,100人をこえた」と記しています。

　金融恐慌の巨大な波がタイ、マレーシア、インドネシアのような東南アジアの諸国に打撃を与えたとき、堅実で手堅い銀行を持つ韓国経済は、1997年10月までの間ずっとほとんど影響がなかったかのように思われました。しかしながら、韓国経済への外国人投資家の気分がうつろい、衰えたことによる激しい短期資本の流出によって、韓国は外貨債務の支払い不能に直面することになりました。

11.2　国際通貨基金IMF支援の影響

　途上国の社会で構造調整の必要な国家において、しばしば大統領や国会議員の民主的な選挙を行うことが必要となります。なぜなら、政府に政治・経済構造の改革を行う意志がないか、あるいは韓国のチェボルといった大会社や労組といった政治的な圧力団体の反発により、多大な犠牲なしに構造改革を行うことが不可能

な場合が多いのです。このような場合には政権勢力の中枢部に関わる腐敗事件を暴露して現政権を無力化してでも、現政権が選挙で敗北して既得権益を排除しない限り、構造調整策は実施されない可能性があります。

　1997年通貨危機に直面して、タイの金融政策は景気の足を引っ張り、不況による失業の増大をもたらしました。このため、政府は金融機関の不良債権の処理を含む総合的な経済対策を実行しました。すなわち翌年の対策は、金融構造改革のために公的資金を注入し、民間の債務処理を和議により推進し、さらに財政支援によってセーフティ・ネットを構築することでした。構造改革としては、機械設備や原材料などへの輸入税を引き下げ、1997年から実施してきた輸入税に対する10パーセントの課徴金を廃止し、機械設備への特別減価償却を導入し、さらに主要な輸出品である宝飾品産業への対策として金の輸出入規制を撤廃しました。さらに世界銀行の協力により大会社向けのエクイティファンドを、アジア開発銀行や日本の海外経済協力基金(現国際協力銀行)の支援により中小会社向け出資基金をそれぞれ創設しました。後者の基金は、1998年からの5年間およそ1億ドルの予算で、生産性と製品開発を促進し、農村部へ産業を移転し、外資の誘致と環境対策を行うことを目標としました。

　2001年はじめに行われた選挙により、タクシン・シナワット氏が首相に選出されました。選挙中の公約はつぎのようなものでした。すなわち、全国の村落の一箇所に百万バーツの産業振興基金、零細な会社の資金需要に応える国民金融公庫と国民健康保険の創設、および農業組合銀行から借り入れている農民の債務の3

180 第3部 地域統合の動態

年間の返済猶予をタクシンは約束したのです。

　タイ中央銀行は1990年代に入ってからインフレ抑制のため公定歩合を高めに維持しており、通貨危機が発生した1997年第7月には、緊縮政策の一環として公定歩合を年率10パーセント水準近くへ引き上げました。翌年、経済の成長率が大幅なマイナスを記録したことから、1999年度には有効需要と雇用の創出をはかって公定歩合を4パーセントへと大きく引き下げました。タイでは中長期の国債の金利は政府が発表する金利でしたが、実勢を反映せず、政府は財政赤字を賄う目的で中長期国債を発行しましが、1988年に財政が黒字に転じて以降、新規の国債発行はなく償還が進んでいました。国債発行残高はこの年の2,100億バーツから1994年の625億バーツへと大きくへっており、その流通量の少なさから債券市場における影響力は小さいものでした。このようにタイでは短期金融市場が成熟していないことから、流動性の変化が金利に大きく影響し、金利の変動幅が大きくなっていました。1991年に外国資本の国外持出が自由化され、外国資本が大量に流入を始めたのを反映して短期金利も下がりましたが、1996年にロンドン銀行間金利がおよそ1.5パーセントだけあがると、短期資金の国外への流出に伴って為替レートが切りさがり、借り入れコストがあがり、それと同時に国内の流動性が低下して短期金利が急にあがりました。1984年に創設された譲渡性定期預金市場は、年末におよそ200億バーツから90年にはおよそ2億バーツにまで急速に縮小しました。したがって、中央銀行が金融調節のために利用できる公開市場は発達していなく、株式取引所は1974年に設立され、翌年に取引が開始されました。1992年には証券取引法が改正されて上場会社がふえたのに加え、外為

管理の一層の規制緩和により海外からの証券投資がふえ、株式の取引は急速に規模を拡大しました。1993年のアジア株ブームも追い風となり、タイにおいても株価が急にあがりました。しかし1995年ごろから、それまで積極的に不動産への投資を行っていた銀行や金融会社の不良債権問題が取り沙汰されるようになると、資産バブルにかげりが見え始め、金融不安を警戒した海外の投資家が資本の引き揚げを始めると株式売買高はへり、株価指数が急速に下がりました。中央銀行が信用を抑制して供給しているにもかかわらず、商業銀行と金融会社は貸し付けを急にのばし、豊富な資金を背景に貸し付け競争を行っていました。1990年3月と通貨危機直前の1997年の6月を比較すると、商業銀行と金融会社ともに貸し付けを4倍にふやしています。この過剰に供給された資金が、過剰投資と資産バブルを引き起こした主な要因です。この時期の貸し付けが急にふえたことにより、各金融機関は貸付先へのリスク管理に腐心することなく、取引量の拡大を優先させました。この金融機関のモラル・ハザードが、のちに不良債権問題を悪化させたのです。政府は、バーツ危機のなか58社の金融会社に業務停止を命じましたが、不動産投資を中心とした不良債権は1兆バーツにおよぶともいわれ、経済全体への影響や関連する金融機関への連鎖倒産が危惧されました。アジア危機後のタイでは、バーツの投機売りを誘発する非居住者バーツ借り入れの規制と、海外との資本取引の監視を強化する規制が導入され、一定の効果をあげました。一方、居住者の海外からの借り入れは自由としました。

　韓国では、1997年末に起こったウォンの危機をもたらした主

な要因は、対外外貨負債に占める短期債の比率が非常に高かったからです。その数字は、韓国が同じようにIMFのマクロ経済政策の助言を求めた1982年時点における33パーセントと比較すると、1996年末には57パーセントでした。国民総生産に対する対外債務の比率は、1983年の5割と比較すると1997年は3割で1998年には5割でした。この短期の対外債務の高い比率は、金融自由化の過程での誤った政府の政策によるといえます。政府は、金融機関に長期外債を当局に通告するのを義務化することによって短期ローンを借りる動機を与えたのです。しかしながら、短期ローンは、貿易関連の融資と見なされたために規制が無かったのです。さらに、1998年に国際通貨基金が勧告した中での初期段階において実施された急進的な政策は、財務上の負担が急にふえていた会社に対して致命的な影響を与えました。なぜならコングロマリットである多くのチェボルの負債資産比率が1997年末にはすでにおよそ400パーセントになっていたからです。短期金利は1997年11月時点で年率12パーセント前後から、1998年1月には32パーセントへと急にあがり、その後急速にさげられ、9月には8パーセントになりました。

　国際通貨基金はこの高金利政策を勧告する代わりに、韓国における海外投資家の信頼を取り戻しつつ、それによってウォンの安定性を回復するように、短期外貨負債を長期負債に組み替えることをより早く奨励すべきだったのです。また1980年代はじめにおける国際通貨基金の助言に基づくあまりにも急激な金融自由化は、1990年代半ばに金融市場の混乱を引き起こしました。これはノン・バンクの金融機関による、あまり収益を生み出さない会社への投資がふえたためです。これらの金融機関は、自由化後の

会社の融資に関する限られた経験および専門のノウハウをもたないままで、量的には急速に拡大しました。韓国は十分な制度上の進展なしに、間接金融から直接金融指向の経済へと移行するスピードを加速させましたが、金融部門の再編成はいまだ進行中であり、株式、国債や社債が流通する資本市場は、いまだ成熟した段階にまではいたっていません。つまり、会社統治・コーポレート・ガバナンスとマーケット規律が弱く、また、さらに独立した外部監査による透明性が欠如しており、会社の財務状況に関する情報公開の水準はあまり高くはありません。

19世紀の後半に日本の商業銀行は支店を釜山に開業しており、これが朝鮮半島における近代商業銀行のはじめとされています。1909年には朝鮮銀行が設立され、この年までに商業銀行9行が営業しており、そのうち3行が韓国系の銀行でした。1910年には日本が韓国を併合し、多くの商業銀行が設立されました。第二次世界大戦後に独立して後、1950年に韓国銀行が中央銀行として設立され、五大銀行が国営銀行として営業を始めました。この後市場の育成をはかりながら、政策金融による重工業化を促進しました。

国際通貨基金の指導のもとに行われた1980年代はじめのあまりにも急激な金融自由化は、ノンバンクの金融機関の乱立を伴って、会社における資金調達額が急増しました。すなわち非公式市場の私債市場を放置したまま、株式・社債市場の自由化と大銀行の民営化を断行しました。これらの金融機関は、限られた経験の中で、自由化後の会社への融資について専門的知識を迅速に発展させましたが、大銀行はコングロマリットである大会社・チェボルの実質的な財務部になってしまい、1990年代半ばにおける金

融市場の混乱に直面しました。

1960年代以来、韓国政府は経済発展の手段として銀行融資を利用しました。これは、政府がチェボルを破産させないであろうという予測を高めました。『東アジアの奇跡』において指摘されているように、韓国の政府は穏やかな金融抑制という政策を採りました。「重化学工業のための主な金融支援は、基幹産業に割り当てられた政策的な貸し付けでした。たとえば1977年に、銀行組織の国内信用取引全体の45パーセントは、重化学部門の直接的な支援でした。重化学部門への利子による補助金は、一般的な銀行融資の金利に対して3から4パーセントの低い金利を適用することによって計算すると、1977年に単独で獲得された推定750億ドル、または、国内総生産の0.4パーセント」でした。

チェボルは、破産する可能性が非常に低いので、利益とリスクについて慎重に考慮せずに、設備投資を拡大し続けました。銀行は、そのような借り手の財務上の健全性を詮索する動機をほとんど持っていませんでした。銀行の民営化の促進と並んで、同じく1984年に銀行貸し付けのシェアは、全体の14パーセントにへりました。その時以来、銀行の信用取引は、チェボルの上位30社に集中するようになりました。1995年には、その30チェボルへの総貸し付けは、銀行融資全体の24パーセントを占め、3兆ウォンになりました。同時にこの銀行信用は、これらのチェボルが不動産を獲得することや、他の会社へ投資することを妨げませんでした。

近年、社債市場が急速に成長しましたが、その原因は、金融当局の裁量的な金融政策です。すなわち、これらの金融機関は、非公式な金融市場の資金を吸収するという政策のために、金利、政

策貸付、参入および会社の所有権規則に関して銀行に比較してより自由な条件のもとで経営することができました。チェボルの主要な取引銀行は、借り手の会社に関する経営や財務状況の情報を収集して監視したり、信用取引状況を評価しようとせず、融資している会社の経営への監視役として機能しなかったのです。

　チェボルの拡大の方針は、それらの会社の財務状況に脆弱性を招きました。銀行からの大まかな審査しかない貸し付けのために、30の主要なチェボルの財務状況は、それらの負債資本比率が1997年末には400パーセントを越える程度まで悪化しました。間接金融が優位な経済であり、融資を受けた会社は、収益率が景気循環に影響を受けやすい資産に多くの金額を投資しました。その結果、チェボルは、景気変動や外部のショックに影響を受けやすい財務状況になりました。たとえば1986年から1年間、資産合計における不良債権のシェアは、4割になりました。1985年から3年間に、78の会社が合理化され、1993年になって初めて、韓国政府は信用取引全体の4割を超える割合を占める政策融資を削減する計画を発表しました。会計制度に関して、銀行の財務諸表は、正確にそれらの状態を常に反映していたわけではありません。なぜなら、銀行取締官によって設定される会計基準が毎年調整されたからです。財務諸表の信頼性を改良するために、銀行監視当局は、現在、国際標準に従って会計基準を適用しています。銀行内部の経営に関する公開については、同じく強化された、より厳格な規定を取り入れた効率的な銀行の監視制度が設立されました。

　韓国において、危機以前は政府予算がほぼ均衡がとれているか、もしくはわずかに黒字でした。また政府は、失業給付金を含む社

会的支出プログラムを支え、産業と金融部門の再編成の資金を賄うために、歳出をふやしました。したがって、大きな財政赤字を抱えるような無責任な政府を扱うには標準的な薬であった歳出削減のIMFの処方箋は韓国には適さず、さらに危機を悪化させる要因となりました。金融市場の混乱が悪化したために、政府の予算の赤字はすぐに悪化しました。IMFの予備評価においてさえ、銀行業務を再編成するには、政府保証付き債券を含んだ国内総生産のおよそ2割に相当する75兆ウォンかかるということを予想していました。1998年における予算に対する利子のコストは、国内総生産の0.8パーセントと見積られていましたが、その比率は、すぐにおよそ1.5パーセントに上昇しました。

第12章 経済連携

(関山 健)

12.1 東アジアにおける経済連携

自由貿易協定(FTA)とは、特定の国や地域の間で、物品の関税やサービス貿易の障壁等を削減・撤廃することを目的とし、幅広い経済関係の強化を目指して、貿易の自由化・円滑化を進める協定です。特に、近年世界で締結されているFTAの中には、貿易の自由化に加え、投資、人の移動、知的財産の保護や競争政策におけるルール作り、さまざまな分野での協力の要素等を含む、幅広い経済関係の強化を目的とする包括的な経済連携協定(EPA)も見受けられます。

東南アジア諸国連合(ASEAN)と日本の関係が緊密化したのは1970年代後半からです。1977年からはASEANと日本の首脳会議が開催されるようになり、福田赳夫首相が福田ドクトリンと呼ばれるようになる対ASEAN外交三原則、すなわち非軍事で経済協力を優先する心と心の通う関係というASEAN—インドシナの架け橋構想を提案しています。1990年代中頃までの東アジア地域では、米国の反対や域内諸国の対立などのために、北米や欧州など世界の他地域に比べて経済統合の動きが具体化することはありませんでした。

188 第3部 地域統合の動態

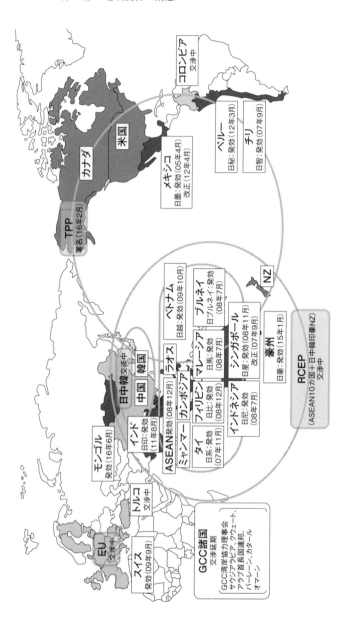

図 12-1 国別・地域別経済連携協定

1997年のアジア通貨危機を契機に、東アジアでも地域経済統合の気運が高まり、2000年代に入ってからは、ASEANを中核とするFTAの締結が行われるようになり、現在では、日本、中国、韓国とASEAN諸国との間で、それぞれ個別にFTAネットワークが構築されています。

12.2　日本における経済連携への取り組み状況

1990年代末以降、東アジア地域で経済連携の動きが具体化するなかで、日本も主にASEAN諸国との間で協定締結を積極的に

日本のEPA-FTAの現状(2017年7月現在)

■発行済・署名済み▶16
シンガポール、メキシコ、マレーシア、チリ、タイ、インドネシア、ブルネイ、ASEAN全体、フィリピン、スイス、ベトナム、インド、ペルー、オーストラリア、モンゴル、TPP(署名済)

■交渉中▶6(交渉完了・未署名を含む)
ASEAN全体(サービス投資家・実質合意)、コロンビア(交渉中)、日中韓(交渉中)、EU(大枠合意)、RCEP(交渉中)、トルコ(交渉中)

■その他(交渉延期中または中断中)
GCC、韓国、カナダ

図12-2　日本における経済連携への取組状況

(資料:外務省HP「経済連携協定(EPA)／自由貿易協定(FTA)」)

進めてきました。同時期に、中国がASEANと締結した協定が主に貿易障壁の削減を内容とするFTAであったのに対し、日本はASEAN諸国との間でより幅広い分野を含むEPAを推進してきた点に特徴があります。

2017年現在、日本は20カ国と16のEPAを署名し、発効しています。EPA相手国との貿易が日本の貿易総額に占める割合は40.0%です（比較：米47.5%、韓67.9%、EU 33.0%）。輸出先の関税撤廃・削減により、日本からの完成品輸出や現地日系会社向けの部品輸出などにおいて関税支払いが軽減され、日本の輸出品や現地日系会社の製品の価格競争力が向上しています。日本側の関税撤廃・削減により、相手国からの輸入品の価格が低下することにより、我々消費者にとっては輸入品の価格が下がるメリットがあるとともに、多くの原材料や中間部品を輸入に頼る国内会社も価格競争力を強化できるようになりました。その他、EPAによって、日本の会社は相手国においてサービス貿易や投資に関する規制の緩和や透明性向上、模倣品・海賊品対策の強化・改善、税関手続きや商業関係者の入国・滞在手続きの簡素化といったメリットを享受しているほか、進出先で日系会社が直面するさまざまな問題を改善・解決するための政府間協議の場が設置され、進出会社の問題解決に支援が行われています。

環太平洋戦略的経済連携協定（TPP）が発効すれば、95%以上の商品で関税が撤廃されることになります。交渉において協議が難航した分野は、食の安全に関する規制の緩和や国際的な投資に関するルール作りです。さらに、投資ルールに関しては、アメリ

カが仲裁裁判制度を提案（ISDS条項）しました。外国に投資した会社が自社の製品や事業の扱いに不服がある場合には、国際的な裁判所に相手国の政府を訴えることができます。このISDS条項は当該国の国民主権を侵害する可能性があります。さらに、各国は、遺伝子組み換え食品に関して独自の規制を行っていますが、アメリカは、科学的な根拠に乏しいとして、これらの規制の撤廃を求めました。

ところが、2016年11月の大統領選挙でTPPからの離脱を訴えたトランプ氏が当選し、早期にTPPが発効する可能性はなくなりました。なぜなら、TPPのためには、参加国12カ国の中で6カ国以上が批准し、その国内総生産の合計が域内総国内総生産の85％以上を占めなければならず、アメリカか日本のどちらかが批准しなくては条件が満たされません。他の署名国は、アメリカ抜きでの発効を目指すことになりました。

さらに、近年では、日本、中国、韓国の間でのFTAやASEANが主導する地域包括的経済連携協定（RCEP）といった経済連携の動きが東アジアで進んでおり、アジア太平洋地域を包摂する経済連携（FTAAP）に向けた努力が続けられています。中国は2005年4月から「東アジア自由貿易圏EAFTA」を提案し、日本は2007年6月から「東アジア包括的経済連携CEPEA」を提案して、各々について民間研究および政府間の検討作業が続けられてきました。そして、2011年8月に日本と中国が共同で提案した「EAFTAおよびCEPEA構築を加速させるためのイニシアチブ」を受け、同年11月に、ASEAN首脳は、ASEANとFTAを締結しているFTAパートナー諸国とのRCEPを設立するためのプロセスを開始するこ

192　第3部　地域統合の動態

とで一致しました。2012年11月にカンボジアのプノンペンで開かれたASEAN関連首脳会議でRCEP交渉立ち上げ式が開催され、交渉開始が宣言されました。TPPの交渉に参加した国の中で7カ国がこの交渉にも参加しています。

第13章 ワシントン・コンセンサスと北京コンセンサス

（関山 健　柳田 辰雄）

13.1 「ワシントン・コンセンサス」と国際システム

　ワシントン・コンセンサス(Washington Consensus)とは、アメリカの首都ワシントンDCにある国際通貨基金(IMF)、世界銀行およびアメリカ政府の間で共有されているとされる経済政策の考え方を指すものです。新古典派経済学の理論に強く影響され、市場原理を重視するところに特徴があり、貿易投資の自由化、公的部門の民営化、小さな政府、財政緊縮、金融引き締めなど新自由主義的な経済政策を主張します。元来は、米国ピーターソン国際経済研究所のジョン・ウィリアムソンが、危機にみまわれた開発途上諸国に対してIMF、世界銀行、アメリカ政府等が勧告する政策の特徴として1989年に指摘したものです。アメリカは冷戦が終わって、1995年ごろから新しい軍事戦略を展開しはじめました。ソ連と共産主義という敵を失い、もう一度その地球的軍事戦略を定義しなおす必要にアメリカは迫られました。アメリカ軍の存在はただ軍事的な意味があるだけでなく、経済分野におけるアメリカの優位を保障し、その思想と商品の流通を保障するようなすべての活動と関連しています。このようにして保障される秩序が、資本主義的な生産様式に基づく地球規模での自由な市場と、それに重ねら

れたアメリカの国益をもたらすように考えられていました。

　「ワシントン・コンセンサス」をWilliamson(2000)によってまとめると主な政策は以下のようになります。高い収益率が見込め所得分配を改善する一次医療、初等教育や社会資本分野への優先的財政支出と政府予算の削減、税率を下げ、租税基盤を拡充する税制改革、金利の自由化と為替市場の自由化による競争的為替レートの実現、関税の引き下げによる貿易自由化、財産権の確保と国内優良会社の合併・買収の許可を含む外国直接投資の自由化、および基幹産業の民営化と産業への参入・退出の自由化です。

　ワシントン・コンセンサスが注目を浴びるようになったのは、ロシア・東欧諸国の市場経済移行に採用されたからです。しかし、それぞれの国の事情を十分配慮せず、旧社会主義経済に対して性急な市場経済化を求めた結果、予想を大きく上回る生産低下とインフレーションが同時並行的に進行する大不況をもたらし、貧富の格差拡大などの弊害を生じました。ロシアや東欧諸国がワシントン・コンセンサスに基づく新自由主義的な経済政策による混乱を抜け出し、体制転換前の経済水準を回復するには10年前後の長い時間を要しました。ロシアにおいて、自由化に反対する権威主義的なプーチン政権が誕生した背景として、このワシントン・コンセンサスがもたらした大不況とそれに伴う社会的混乱があります。

　こうした経緯から、ワシントン・コンセンサスは、ノーベル賞受賞経済学者(元世界銀行チーフ・エコノミスト)のジョセフ・ス

ティグリッツや著名な国際投資家のジョージ・ソロスなどから、新古典派の市場原理主義的な政策イデオロギーの象徴として厳しく批判されるようになりました。特にスティグリッツは、その著書『世界に格差をバラ撒いたグローバリズムを正す』などにおいて、ワシントン・コンセンサスの実現によって格差社会が世界中に広がったと批判しています。また、リーマン・ショックに端を発した世界金融危機を受けて2009年にロンドンで開催されたG20金融サミットでは、イギリスのゴードン・ブラウン首相が「ワシントン・コンセンサスは終わった」と言明しました。

13.2　中国の政治経済システム

　中国は、社会主義市場経済を標榜して漸近的方法で資本主義経済への移行を加速化しています。市場を通じて社会主義を実現すると規定しつつ経済の活性化を目指しています。政治体制は共産党による一党独裁で、共産党の最高指導集団である政治局常務委員会が権力を掌握する構造となっています。最近では法治主義を標榜しており、憲法上では立法機関として全国人民代表大会が最高意思決定機関で、司法機関である人民法院(裁決審判機関)と人民検察院(法律監督機関)の院長の任命権限があります。行政機関として国務院がありますが三権分立にはなっていません。さらに、言論の自由や結社の自由が保障されず、政治への国民の参加が抑圧されています。共産党中央政治局常務委員会が、中華人民共和国政府と中国共産党の党組織における事実上の最高意思決定機関です。党中央委員会全体会議の選挙で選出される委員は政治局常務委員と呼ばれます。最終的には委員会の多数決により、中国の

196　第 3 部　地域統合の動態

意思決定は行われています。国家主席、全人代常務委員長、全国政治協商会議主席、国務院総理と中央紀律検査委員会書記は政治局常務委員を兼務しています。政治局常務委員は時代によって3人から9人が選出されてきましたが、第19期(2017年10月)は7人です。

　中国は、2015年に13億7,500万人の人口を有し、人口規模では ASEAN 諸国と日本と韓国を加えたよりも大きいのです。人口はおよそ九割の漢族と、55の少数民族からなります。一連の少数民族優遇政策のために、漢族に同化したと思われていた人々が、最近少数民族の表明を行うようになっています。およそ1千数百万人の満族の過半数が遼寧省で暮らしており、およそ数百万人の朝鮮族が、吉林、黒竜江や遼寧省などに暮らしています。西部の新疆の自治区には、イスラム教徒のウイグル人が暮らしています。新疆とは新しい領土という意味ですが、ウイグル族の独立派の人々はこの地域を東トルキスタンと呼んでいます。ちなみに、トルキスタンとはテュルク・トルコ人の土地ということです。テュルク人は、紀元前3世紀ごろバイカル湖の南に生まれ、6世紀に中央アジアで帝国を築き、その支配の下でウイグル族が9世紀に南あるいは西へ移動したのです。

　経済は高度成長を長期間継続しています。2016年現在1人当たりの国民総所得は8,260ドルです。資源・環境制約がそれほど深刻にならず、7%で成長すると仮定すれば2025年ごろには1万5,000ドルを超えると予想されます。有人人工衛星の打ち上げなどの成功に見られるごとく科学技術の水準の向上も著しいものがあります。中国通貨である元は、長らく固定相場制を採用してい

ましたが、米国をはじめとする国際社会の批判を受け、2005年中ごろより通貨バスケット制の管理フロート制を採用しました。

経済は、1960年代から1990年代にかけて低迷していましたが、1990年以降は好調であり、2012年以降、経済成長率はおよそ6%を達成しています。

2007年3月に開かれた中国の第十期全国人民代表大会の第五回会議で、私有財産保護を明記した「物権法」案が可決、成立しました。歴史的に「財産は公有」を国是とし、今なお公権力が極めて強い中国において、「私有財産保護」に関する法律ができ、『所有権者は自己の不動産または動産について、法に基づき、占有、使用、収益と処分の権利を有する』となり、民間企業や外国資本の経済活動が一段と自由になりました。国家、集団、私人の所有権は法律の保護を受け、いかなる組織、個人もこれを侵犯してはならないという条文です。私有財産は国有、公有財産と同じ地位を占め、「公権力の乱用による恣意(しい)的な没収、収用などの財産侵害が禁じられる」ことになります。土地は、個人や企業には使用権が認められていますが、基本的には国有です。したがって、農地の私有は認められません。今後の最大の問題は多くの国有企業を中心とする国有資産をどのように公平に国民に配分するかにかかっています。

1930年代から日中戦争を挟んで行われていた国民党と共産党の内戦において、ソ連から支援を受けた共産党が率いた人民解放軍が、アメリカに支援され、後に支援をうち切られた国民党が率いる中華民国国軍に対して勝利をおさめ、1949年に共産党による国家である中華人民共和国を樹立しました。そして、国民党政府は日本が支配していた台湾に政府機能を移転しました。その後、

198　第3部　地域統合の動態

日本は1952年にサンフランシスコ講和条約に基づき権限を放棄
し、その後台湾島とこれらの島嶼地域は現在国民党政府の実効支
配下にあります。

　領海宣言によると、中華人民共和国の領海の幅員は、十二海里
としています。この規定は、中国大陸とその沿海島喚嶼、および
同大陸とその沿海島嶼と公海を挟んで位する台湾およびその周辺
の各島、澎湖列島、東沙群島、西沙群島、中沙群島、南沙群島そ
の他中国に所属する島嶼を含む、中華人民共和国の一切の領土に
適用するとなっています。

13.3　アジアインフラ投資銀行と北京コンセンサス

　2008年9月のリーマンショック以降、人民元国際化をめぐる
議論・取り組みが本格化し、国策として人民元の国際化が推進さ
れています。そのため、中国は他の先進国でも行われた金利自由
化、貿易や国際的な金融取引に関する規制緩和や市場制度の整備
を促進しています。さらに、人民元建ての対外経済援助を通じて、
海外で人民元を流通させることを目指しています。こうした取り
組みによって、人民元の国際化は着実に進展しており、その結
果、貿易取引や国際的金融取引における人民元の使用が拡大して
いることだけでなく、人民元が国際通貨基金(IMF)の特別引出権
(SDR)を構成する通貨に入りました。

　IMFのSDRを計算するに際しての割合の改訂が2016年10月
1日に行われ、新たに中国の人民元が加えられました。IMFに加
盟している89カ国が国際通貨の資金不足に陥ったときには、出
資に応じて割り当てられているSDRと引き換えに、ドル、ユー

ロ、元、円およびポンドという国際通貨に交換することが可能な仕組みがあります。2015年5月に国際通貨の資金不足に陥ったギリシャは、その返済のために割り当てられているSDRを使いました。

中国は、安定した経済成長をめざす「新状態」へ移行するために、人民元の国際化および21世紀国際貿易・投資のルール制定に積極的に参加し、国際経済における中国のプレゼンスを高めようと取り組んでいます。

このために、中国は2013年9月に「シルクロード経済一帯」構想を提唱しました。さらに、同年10月にASEANと共同で「海上シルクロード」構想を提案し、この2つを合わせて「一帯一路」構想と呼んでいます。

2015年3月には国家発展改革委員会・外交部・商務部が「シルクロード経済ベルトと21世紀海上シルクロードを推進し共に構築する構想と行動」を発表し、「一帯一路」が実行の段階に移りました。「一帯」とは、中央アジアと欧州を結ぶ陸のシルクロードであり、「一路」とは、東南アジアと欧州を結ぶ海のシルクロードと位置づけられています。

その構想における内陸の主なルートは、「中国から中央アジア、ロシアおよび西アジアを経てペルシャ湾」、「中国から中央アジアと西アジアを経てインド洋」および「中国から、東南アジアと南アジアを経てインド洋」です。さらに、主な海上ルートは、「中国沿岸諸港（上海、寧波、福州、天津、廈門および大連）から南中国海域とインド洋を経て欧州」および「中国沿岸諸港から南中国海域を経て南太平洋」です。

中国は、この「一帯一路」構想により、貿易障壁を低くして、金

融取引を活発化させるとともに、構想道路や港湾などの輸送インフラを共同で整備することを目指しています。ちなみに、ミャンマーのマディ島から雲南省昆明までの石油パイプラインはすでに完成しています。

そして、「一帯一路」発展戦略として組み合わせて、ヨーロッパ・アジア地域で必要とされる膨大な社会資本の需要に応えるために、アジアインフラ投資銀行(AIIB)が設立され、創設時の加盟国数は57カ国で、2017年3月末に、新たに香港やカナダを含む13カ国の地域と国の加盟が承認されました。

AIIBとは、中華人民共和国が提唱し主導する形で2015年12月25日に発足した国際開発銀行です。57カ国を創設メンバーとして発足しましたが、日本とアメリカなどは2016年末までに参加していません。資本金の目標は1,000億ドルで、2017年3月現在92%が集まっています。加盟国すべてが参加する総務会が、最高意思決定機関と定義されています。理事会へ権限を委ねることができるとされていますが、新規加盟国の受入決定、加盟国の資格停止や総裁の選出等の決定権は総務会の専権事項とされています。理事会は、地域内構成国から9名および地域外構成国から3名から構成されています。総裁と副総裁が選出され、任期は5年で連続10年まで就任可としています。組織運営の効率化のために本部を置く北京に理事を常駐させない方針としています。AIIBの議決権は基本議決権、比例議決権および創設メンバー議決権の3つに大別され、中国は創設時の総数で26%以上を保有しました。公用語は英語とされていますが、設立協定は中国語、英語とフランス語で作成されています。

この銀行の目標はヨーロッパ・アジア地域の経済復興と持続的

第13章　ワシントン・コンセンサスと北京コンセンサス　201

な発展を促すことで、銀行の設立は、2013年のアジア太平洋経済協力会議(APEC)首脳会議で提唱されました。東アジア・東南アジアは無論、イギリス・ドイツ・シンガポールなどや南アメリカとアフリカといった地域も設立を支持し、2015年12月末にAIIBが発足しました。

　規制緩和、財政赤字削減、資本市場の自由化、国有会社の民営化など新自由主義的な経済政策とは対照的に、政府主導の市場経済化によって目覚ましい発展を実現した中国の経済政策を、ジョシュア・クーパー・ラモは2004年に「北京コンセンサス」と呼びました。ラモは、中国が国際関係における多くの分野において米国の覇権的行動を制約する環境を作り上げ、米国による一極支配の世界において自らの生活様式や政治的選択を守ろうとしていると論じました。

　実際、「北京コンセンサス」は、かつてIMF、世界銀行、米国政府等が危機に陥ったロシアや東欧に迫ったような性急な自由化を求めないことから、体制改革に積極的ではないアフリカ・中東諸国などに受け入れられています。

　このように高まる「北京コンセンサス」の影響力に対しては、懸念を示す論者も少なくありません。元ロサンゼルス・タイムズ記者のジェームズ・マンは、中国が権威主義的体制を存続させたまま経済が発展し、大国として台頭していくと、世界中の民主主義的価値観を推進しようとする努力に水をさすことになると警告しています。

13.4　国際システム下の競争と協調

　AIIBの決定した融資は2017年9月末現在で21件です。また、AIIBとアジア開発銀行(ADB)との協調融資も始まっています。ADBは、日本とアメリカの主導のもとに1966年に設立され、2016年末現在、加盟国は67カ国です。ADBは、開発途上加盟国に対する資金の貸付・株式投資、開発プロジェクト・開発プログラムの準備・執行のための技術支援及び助言業務、開発目的のための公的・民間支援の促進、および開発途上加盟国の開発政策調整支援等を行っています。ADBが2015年に決めた融資額は、およそ260億ドルでした。ADBは同年6月初旬に、アジアインフラ投資銀行AIIBとの最初の協調融資となるパキスタンの高速道路建設プロジェクトに対する1億ドルの融資を承認しました。AIIBは理事会の承認を得て1億ドルの融資を提供する予定です。イギリスの国際開発省DFIDもこのプロジェクトに3,400万ドルの無償資金協力を決めています。ADBは主たる資金提供者として、AIIBからの融資およびDFIDからの無償資金協力の両方を管理する予定です。このプロジェクトは、中央アジア地域経済協力における回廊の重要な路線に関わっており、南北の経済の統合、新たな交易、およびビジネス機会をもたらし、雇用を拡大し貧困を削減してパキスタンの経済および社会の発展に寄与することが期待されています。

　さらに、世界銀行とAIIBとの協調融資も始まっています。世界銀行は、AIIBとインドネシアのジャカルタで貧民街の改良プロジェクトを行うことを発表しました。この事業が、両銀行の協調融資による最初のプロジェクトです。

一方、AIIBは、アジア地域で単独のプロジェクトも進めています。中国は、「一帯一路」を標榜して、中国と欧州の経済の一体化を構想し、独自に世界経済秩序の確立を目指しています。この新たな世界経済秩序のために、最大株主である中華人民共和国は、国際機関であるアジアインフラ投資銀行を利用することになります。

参考文献

1. 鬼塚雄丞、岩田一政、柳田辰雄共著、『経済学入門』東京大学出版会 1990年
2. 鬼塚雄丞著、『国際金融』東洋経済新報社 1995年
3. 小寺彰著、『WTO体制の法構造』東京大学出版会 2000年
4. 佐伯啓思著、『国家についての考察』飛鳥社 2001年
5. 柴田寿子著、『スピノザの政治思想—デモクラシーのもう一つ可能性』未来社 2000年
6. ステファン・ハルパー著、園田茂人、加茂具樹訳、『北京コンセンサス』岩波書店 2011年
7. 髙木保興編著、『国際協力学』東京大学出版会 2004年
8. ノース・ダグラス著、中島正人訳、『文明史の経済学—財産権・国家とイデオロギー』春秋社 1989年
9. ハイエク・フリードリッヒ著、田中正晴・田中秀夫編訳、『市場・知識・自由—自由主義の経済思想』ミネルヴァ書房 1986年
10. 村上泰亮著、『反古典の政治経済学要項』中央公論社 1994年
11. 持田信樹他著『市場と国家』木鐸社 1992年
12. 諸富徹著、『環境税の理論と実際』有斐閣 2000年
13. 柳田辰雄著、『国際政治経済システム学』東信堂 2008年
14. 横田洋三編『国際機構論』国際書院 1992年

15. FAO (2010) Global Forest Resources Assessment 2010: Main report. FAO Forestry Paper 163. Rome: Food and Agriculture Organization of

the United Nations

16. FAO（2015）Global Forest Resources Assessment 2015: Desk reference. Rome: Food and Agriculture Organization of the United Nations.

17. IPCC（2014）*Climate Change 2014: Mitigation of Climate Change: Contribution of Working Group III to the IPCC Fifth Assessment Report.* Cambridge: Cambridge University Press.

あとがきにかえて

　現代の国際システムは、アメリカの軍事力とアングロ・アメリカン型の資本主義の思潮である自由放任主義により長らく維持管理されてきました。しかしながら、2016年年末のアメリカのトランプ大統領の誕生は、グローバリズムによる「もてる人々」と「もてない人々」の階層の格差拡大による対立を鮮明にしました。さらに、今後アメリカの外交政策は孤立主義を深めていくという予感を国際社会の人々に抱かせました。

　この著作では、19世紀半ばにハーバート・スペンサーにより提唱された社会進化論の「適者生存」を、20世紀後半に引き継いだフリードリヒ・ハイエクの資本主義社会システムにおける「自己組織化」という自由放任主義に決別して、いかにして新たな経済システムに基づいた国際システムという制度が形成されるのかを議論しています。

　国際システムは、西ヨーロッパ諸国の紛争の抑制から始まり、19世紀にイギリスがインドや香港の植民地経営を含む世界支配という形で発展しました。そして、第二次世界大戦後に、覇権国となったアメリカの下に発展してきました。ところが、21世紀に入り、欧州大陸への共通通貨ユーロの導入、欧州連合の主柱である社会的市場経済の思想によるドイツの台頭、および社会主

義市場経済を標榜する中国の台頭は、この国際システムの秩序に「ゆらぎ」をもたらしています。

20世紀中頃に、覇権がイギリスからアメリカに移る中で大恐慌が起こり、第二次世界大戦が勃発しました。

そして21世紀の幕開けは、世界の檜舞台に再登場してくる東アジアの国々への国際システムを主導してきたアメリカとイギリスの「あらがい」により始まりました。

1997年7月1日に主権がイギリスから中国へ返還された香港は、1840年に始まる中国の清とイギリスとのアヘン戦争と、1856年から1860年の清とイギリスおよびフランスとの戦争によりイギリスへ割譲され、1898年の条約により99年間の租借地となりました。

1997年7月2日には、金融資本による外為市場への空売りにより外貨が枯渇したタイ政府は、バーツをドルへの固定制から変動制に移行させました。この危機は、瞬く間に、インドネシア、マレーシアおよび韓国に波及し、これらの国々の経済は数年間の機能不全に陥り、多くの会社が欧米資本の所有になりました。

2001年9月11日には、アメリカの東海岸で同時多発テロが起こり、首謀者の引き渡しに応じないとして、同年10月にはアメリカが主導する有志連合諸国は、アフガニスタンに侵攻しました。さらに、軍事力による単独行動主義のアメリカは、2003年3月から国連決議を得ないで、イギリス、オーストラリアと工兵部隊のポーランドの有志連合でイラクへ侵攻し、2011年末に撤退しました。

2008年9月15日には、リーマン・ブラザーズが破綻し、粉飾したサブプライム住宅ローンに転換されていた社債や投資信託を

保有していた多くの会社の連鎖倒産の不安が広がり、世界的な金融危機になりました。1カ月後には、ダウ工業平均株価が1万1,000ドル台から8,000ドル台に急落し、翌年3月には6,500ドル台割れとなり、アメリカ政府は大手の金融機関の株式を買い取り、一時国有化しました。日本では、日経平均株価が一時7,000円台割れとなり、1982年10月以来26年ぶりの安値となりました。

この危機への対処として、アメリカの連邦準備制度理事会は短期金利をほぼゼロとして、通貨の供給を急拡大する量的緩和政策をとり、景気のさらなる後退を防ぎ、失業者の増大を阻止しようとしました。この歴史に類を見ない金融政策は、2014年以降修正されており、金利水準は調整の段階に入っています。

この危機の実体は、第二次世界大戦に勝利したアメリカ型資本主義経済の危機そのものであり、国際社会はすでに新たな経済システムに基づく国際システムという制度の再設計への模索を始めています。

最後に、この著作を出版するにあたり、東信堂の下田勝司氏と江崎美生氏のご尽力に感謝を申し上げます。

索引

アルファベット順

ASEAN経済共同体（AEC） …… 157
EU法 ………………………… 147
GNPデフレーター …………… 40
ODA ……………………………… 97

五十音順

あ行

アウトソーシング ……………… 93
アジアインフラ投資銀行 ……… 108
アジア開発銀行 ………………… 108
アントニー・スミス …………… 13
一次産品 ………………………… 87
一帯一路 ………………………… 199
一般政府の予算制約式 ………… 58
遺伝子組換食品 ………………… 91
依頼人・代理人問題 …………… 10
ウェストファリア条約 ………… 67
円借款 …………………………… 103
エントロピー …………………… 110

か行

価格メカニズム ………………… 35
監視・監督 ……………………… 17

関税と貿易に関する一般協定
　GATT …………………… 85
間接民主主義 …………………… 9
気候変動に関する政府間パネル
　（IPCC） ……………………… 113
救貧法 …………………………… 98
緊急避難措置 …………………… 86
クリーン開発メカニズム
　（CDM） ……………………… 116
グローバルガバナンス ………… 75
ケネス・アロー ………………… 9
限界効用逓減の法則 …………… 34
国際収支表 ……………………… 43
国際投資協定 …………………… 95
国富論 …………………………… 29
国連食糧農業機関（FAO） …… 127
コンディショナリティ ………… 78

さ行

財産権 …………………………… 11
最適通貨圏の理論 ……………… 80
三権分立 ………………………… 8
自生的な秩序 …………………… 30
実質賃金率 ……………………… 46
社会契約説 ……………………… 5
収穫逓減の法則 ………………… 34
集団安全保障 …………………… 65

常任理事国	62	パリクラブ	78
消費税	15	東インド会社	29
所得乗数	48	ビッグバン	175
所得税	16	貧困削減	100
ジョン・メイナード・ケインズ		フォーク定理	23
	19	物権法	197
世界システム論	70	フリードリヒ・ハイエク	18
セーフティ・ネット	179	紛争の一般論	22
相続税	16	紛争の戦略	26
		貿易乗数	51
		方法論的個人主義	19

た行

地域包括的経済連携協定
（RCEP）　191
チェボル　182
知的財産権　90
直接民主主義　7
途上国の森林減少および劣化に由来
する排出の削減等（REDD＋）
　129
トリクルダウン　99

な行

ナショナリズム　13
2段階ゲーム　25
人間の安全保障　103

は行

覇権安定論　69
覇権国家　68

ま行

マーシャルプラン　98
マーストリヒト条約　142
名誉革命　6
モラル・ハザード　181

や行

有閑階級の理論　30
幼稚産業保護　94

ら行

利子率裁定　55
労働の限界生産物　46

わ行

和辻哲郎　14
ワルシャワ条約機構　149

［執筆者一覧］

市原 純(いちはら　じゅん)

略　歴

1974年4月27日生まれ

(独)国際協力機構(JICA)インドネシア国低炭素型開発のためのキャパシティ・ディベロップメント支援プロジェクト　チーフアドバイザー・長期専門家((公財)地球環境戦略研究機関より出向)

著　作

1　"Prioritizing Barriers to Implementing More CDM Projects in Indonesia: An Application of AHP" Asian Social Science Vol. 10 (18) 2014年　共著

2　"Evaluating Barriers to Implementing Joint Crediting Mechanism in Indonesia" Journal of Environmental Information Science, 44-5　2016年　共著

3　"How Can Social Safeguards of REDD+ Function Effectively to Conserve Forests and Improve Local Livelihoods? A Case from Meru Betiri National Park, East Java, Indonesia" Land, 2015-4. 2015年　共著

関山 健(せきやま　たかし)

略　歴

1975年生まれ

東洋大学准教授

著　作

1　『The Economics of Waste Management in East Asia』(Routledge、共著、2016)

2　『Rethinking the Triangle: Washington-Beijing-Taipei』(WSPC、共著、2015)

3　『Coordination & Compromise』(Lambert、単著、2014)

4　『日本対華日元貸款研究』(吉林大学、単著、2011)

5　『日中の経済関係はこう変わった』(高文研、単著、2008)

［編著者紹介］

柳田 辰雄（やなぎた たつお）　東京大学大学院新領域創成科学研究科教授

略　歴

1976年3月東京大学経済学部経済学科を卒業、1978年3月東京大学経済学研究科経済学専攻修士課程修了、国際通貨基金（IMF）エコノミスト、東京都立大学経済学部助教授、東京大学大学院総合文化研究科助教授、教授を経て、1999年4月より現職。この間ジョンズホプキンス大学客員研究員、ニューヨーク市立大学院センター客員助教授、2002年8月まで1年間国際協力事業団派遣専門家、インドネシア共和国財務省財政分析庁財政アドバイザー。
経済学博士（東京大学）

著　作

『貨幣ゲームの政治経済学』（東信堂、2015年）
『国際政治経済システム学—共生への俯瞰』（東信堂、2008年）
『相対覇権国際システム安定化論—東アジア統合の行方』（東信堂、2008年）
『経済学入門』（共編著、東京大学出版会、2000年）
「ロシアと金融改革」山田俊一編『移行経済の経済改革と社会経済変容』（日本貿易振興会・アジア研究所、123-139頁、2000年）
「(2) 経済統合下における米国の戦略としての世界共治（グローバル・ガバナンス）」『「グローバリゼーションの中の国際システムとガバナンスの課題」研究委員会 報告書』財団法人地球産業文化研究所、34-44頁、2000年

Tatsuo Yanagita, "International Monetary Fund Conditionality and the Korean Economy in the Late 1990s", Peter C.Y. Chow and Bates Gill, editors, Weathering The Storm Taiwan. Its Neighbors, And The Asian Financial Crisis, Brooking Institution Press, PP.. 19-38, Washington, D.C., 2000.

Tatsuo Yanagita and Parluhutan Hutahaean, "Maintenance of the Fiscal Sustainability, Chapter 4, Handbook for Fiscal Analysis.（インドネシア語）

揺らぐ国際システムの中の日本

2017年10月20日　　初 版　第 1 刷発行　　　　　　　〔検印省略〕
　　　　　　　　　　　　　　　　　　　　定価はカバーに表示してあります。

編著者©柳田 辰雄／発行者 下田勝司　　　　　印刷・製本／中央精版印刷

東京都文京区向丘 1-20-6　　郵便振替 00110-6-37828
〒 113-0023　TEL (03) 3818-5521　FAX (03) 3818-5514　　株式会社 東信堂

Published by TOSHINDO PUBLISHING CO., LTD.
1-20-6, Mukougaoka, Bunkyo-ku, Tokyo, 113-0023, Japan
E-mail : tk203444@fsinet.or.jp　　http://www.toshindo-pub.com

ISBN978-4-7989-1451-0 C3033 © Tatsuo Yanagita

= 東信堂 =

２００８年アメリカ大統領選挙
——オバマの当選は何を意味するのか
吉野孝・前嶋和弘 編著　二〇〇〇円

オバマ政権はアメリカをどのように変えたのか
——支持連合・政策成果・中間選挙
吉野孝・前嶋和弘 編著　二六〇〇円

オバマ政権と過渡期のアメリカ社会
——選挙、政党、制度、メディア、対外援助
吉野孝・前嶋和弘 編著　二四〇〇円

オバマ後のアメリカ政治
——二〇一二年大統領選挙と分断された政治の行方
吉野孝・前嶋和弘 編著　二五〇〇円

ホワイトハウスの広報戦略
——大統領のメッセージを国民に伝えるために
Ｍ・Ｊ・クマー　前牟田剛訳　二八〇〇円

「帝国」の国際政治学——冷戦後の国際システムとアメリカ
山本吉宣　四七〇〇円

アメリカの介入政策と米州秩序
——複雑システムとしての国際政治
草野大希　五四〇〇円

国際開発協力の政治過程
——国際規範の制度化とアメリカ対外援助政策の変容
小川裕子　四〇〇〇円

現代アメリカのガン・ポリティクス
鵜浦裕　二〇〇〇円

暴走するアメリカ大学スポーツの経済学
宮田由紀夫　二六〇〇円

揺らぐ国際システムの中の日本
柳田辰雄編著　二〇〇〇円

貨幣ゲームの政治経済学
柳田辰雄　二〇〇〇円

相対覇権国家システム安定化論
——東アジア統合の行方
柳田辰雄　二四〇〇円

国際政治経済システム学——共生への俯瞰
柳田辰雄　一八〇〇円

現代経済社会の諸課題
河口和幸　二四〇〇円

開発援助の介入論
——インドの河川浄化政策に見る国境と文化を越える困難
西谷内博美　四六〇〇円

資源問題の正義
——コンゴの紛争資源問題と消費者の責任
華井和代　三九〇〇円

海外日本人社会とメディア・ネットワーク
——パリ日本人社会を事例として
松本行真・今野裕昭・吉原直樹 編著　四六〇〇円

移動の時代を生きる——人・権力・コミュニティ
大西仁・吉原直樹 監修　三三〇〇円

〒113·0023　東京都文京区向丘1·20·6　TEL 03·3818·5521　FAX03·3818·5514　振替 00110·6·37828
Email tk203444@fsinet.or.jp　URL·http://www.toshindo-pub.com/

※定価：表示価格（本体）＋税